남미 종단 잉카 트레킹 30일

여행마인드

'꽃 중년'의 페루 · 볼리비아 · 아르헨티나 남미종단 잉카 트레킹 어드벤처
남미 종단 잉카 트레킹 30일

인쇄	2014년 12월 31일
발행	2015년 01월 01일

지은이	박의서
발행 · 편집인	신수근
디자인	유지연

등록번호	제300-1997-103호
주소	서울 관악구 청룡동 1592-9 동산빌딩 403호
전화	02-877-5688(대)
팩스	02-6008-3744
이메일	samuelkshin@naver.com

ISBN 978-89-88125-33-5 부가기호 03950
정가 15,000원

'꽃 중년'의 페루 · 볼리비아 · 아르헨티나 남미종단 잉카 트레킹 어드벤처

남미 종단 잉카 트레킹 30일

박의서 지음

목 차

들어가며…　　　　　　　　　　　　　　11

LA공항의 처량한 노숙자

공짜 항공권의 명암　　　　　　　　　　17
스탠바이 대기자 명단　　　　　　　　　21
공항 터미널에서 새우잠을 자다　　　　25
하늘이 무너져도 솟아날 구멍은 있다　31

페루

리마 택시기사의 천연덕스러운 바가지요금	37
잉카제국의 수도 쿠스코	45
엎친 데 덮친 격인 협심증 환자의 고산병	51
카미노 레알 트레킹	57
클래식 잉카 트레일	65
잉카 트레일 캠프	77
'사라진 도시' 마추픽추	83
뉴 세븐 원더스의 7대 자연경관 지정 스캔들	93
쿠스코의 이별 파티	103
스페인 콜로니얼 푸노	109
잉카 전설의 발원지 티티카카 호수	117
남미 식 송년 파티	129

볼리비아

볼리비아 국경을 넘다	137
죽음의 길 바이킹	141
영욕이 부침한 도시 라파스	147
유네스코가 지정한 아름다운 도시 수크레	155
포토시의 은광 탐사	159
나 홀로 여행과 나 홀로 식당	167
세상에서 가장 큰 거울 우유니 소금 사막	173

아르헨티나

지옥에서 천당으로 ... 185
틸카라의 푸카라 ... 195
살타 초원의 승마 ... 203
카파야테 와이너리 ... 209
코르도바의 카우보이 페스티벌 ... 215
모터사이클 로망과 혁명가 체 게바라 ... 221
에바 페론의 무덤 ... 229
남미의 파리 부에노스아이레스 ... 237
탱고 쇼로 대미를 장식한 남미 종주의 피날레 ... 245
가보지 못해 아쉬운 이과수 폭포 ... 251
돌아올 곳이 있어 좋은 여정, ... 255
망각의 여정 그리고 혁명가의 여정

나오며… ... 259

부록 ... 263

들어가며...

  우리에게 다소 낯선 단어인 잉카 트레일Inka Trail은 에콰도르의 수도인 키토에서부터 칠레의 수도 산티아고까지 남미 대륙을 종주하는 22,530km의 장대한 길을 의미한다.
  잉카 사람들은 콜럼버스가 아메리카 신대륙을 발견하기 이전까지는 이 길을 이용하여 물자의 운송은 물론 우리의 파발마처럼 군사기밀 등의 우편물을 전달하였다.
  16세기에 일단의 스페인 군대가 남미대륙을 점령하기 전까지 잉카 사람들은 수레나 말에 의존하지 않고 순전히 도보로만 이 먼 길을 다녔었다. 잉카 트레일은 해발 5천 미터에 이르는 안데스 산맥의 고원을 연결하는 샛길과 소롯길로만 이루어져 있었기 때문에 잉카 사람들은 짐을 운반하기 위해서 기껏해야 라마를 이용한 게 전부였다.

  5천 미터에 달하는 해발 고도와 이에 따른 고산병 때문에 보통 사람들이 하루에 겨우 10여 km 내외를 트레킹 할 수 있는 이 험난한 길을 잉카의 메신저들은 하루에 240여km까지 달릴 수 있었다고 한다. 그야말로 잉카의 메신저들은 안데스 산맥의 다람쥐들이었던 셈이다.

이들 메신저들을 위해 이 잉카 트레일에는 우리의 역참과 같은 개념인 2천여 개의 숙소가 운영되고 있었다. 수십만 명의 잉카 여행자들과 군인들은 이들 숙소에서 음식과 군수품을 조달할 수 있었다. 이들 숙소가 잉카 여행자들에게 제공한 음식은 주로 옥수수, 콩, 말린 감자와 라마 저키등이었다. 여행자들은 잉카 트레일 주변의 주민들이 재배하는 과일로 음료수를 대신했었다.

잉카 제국 당시 남미대륙에는 안데스 산맥을 따라 깊은 산중에 조성된 5천2백 킬로미터의 '카미노 레알 트레일Camino Real Trail'과 해안을 따라 조성된 4천 킬로미터의 '카미노 코스타 트레일Camino de la Costa Trail'을 중심으로 이 두 개의 트레일을 연결하는 여러 개의 잉카 트레일이 존재하고 있었다. 하지만 이 모든 길들은 모두 잉카 제국의 수도였던 쿠스코를 반드시 거쳐 가게 되어 있었다. 이 중 가장 중요한 길은 에콰도르의 키토를 출발해서 쿠스코를 경유하여 아르헨티나의 투크만을 연결하는 5천2백km의 카미노 레알 트레일이었다.

이와 같이 다양하게 존재했던 잉카 트레일 중 오늘날 남미 대륙을 여행하는 트레커들에게 가장 인기 있는 코스는 쿠스코를 출발해서 마추픽추에 이르는 열 세 개의 트레일 코스다. 이 코스는 1박 2일부터 8박9일까지 다양하게 운영되고 있다. 이 중에는 가이드가 반드시 동반해야 하는 트레일과 그렇지 않은 코스가 있다. 이들 트레일을 이용해 매년 수십만 명의 여행자들이 안데스 산맥 깊숙이 숨겨져 있는 잉카 유적은 물론 안데스의 설경과 비경을 즐기기 위해 이곳을 찾고 있다.

이 중에 필자가 참가한 코스는 3박4일의 '클래식 트레일'로서 페루와 마추픽추를 찾는 전 세계 여행자들에게 가장 인기 있는 코스이다.

마추픽추를 찾는 여행자들은 대개 쿠스코에서 열차를 이용하여 마추픽추가 있는 산기슭의 오리엔트 밤바에서 버스로 갈아타고 마추픽추에 오르는 당일치기의 관광을 즐기게 된다. 이에 반해 '클래식 트레일'은 그 옛날 잉카인들의 발자취를 따라 해발 3천 미터에서 4천2백 미터까지의 안데스 산맥 깊숙이에 숨겨져 있는 잉카 트레일을 3박 4일 동안 트레킹과 캠핑으로 이동하여 마추픽추까지 내려가는 코스다.

페루 정부 당국은 이 클래식 트레일의 보존과 보호를 위해 하루 트레킹 참가자를 포터와 가이드를 포함해서 500명으로 제한(500명 중 포터와 쉐프 300명을 제외하면 트레킹이 가능한 실제 인원은 겨우 200명에 불과하다)하고 있기 때문에 몇 달 전부터 예약을 하지 않으면 트레킹 자체가 불가능하다. 이런 연유로 마추픽추를 단기에 여행하는 우리나라 사람들에게는 트레킹 참가 자체가 쉽지 않아 비교적 잘 알려져 있지 않은 코스이기도 하다.

다행히도 필자는 호주의 한 여행사를 통해 6개월 이상의 여유를 가지고 클래식 트레일을 예약한 덕분에 트레킹이 가능했었다. 하지만 잉카 트레일에 관해 충분한 사전 지식 없이 도전한데다가 지병인 협심증에 고산병까지 겹쳐 천신만고 끝에 3박 4일의 캠핑과 트레킹을 겨우 마칠 수 있었다.

이 트래블 포토 에세이는 마추픽추까지의 3박 4일간의 클래식 트레일 트레킹을 포함하여 페루의 수도 리마에서 출발해서 아르헨티나의 수도 부에노스아이레스에 이르는 장장 4천2백여km의 여정을 한 달여에 걸쳐 이동한 기록이다.

그 옛날 잉카 사람들처럼 순전히 도보로만 이동한 것은 아니지만

▲ 잉카 트레일 트레킹 여정을 소화하다가 잠시 포즈 취한 필자

안데스 산맥의 장대함을 도보와 자전거 그리고 오래되어 형편없이 낡아빠진 오버나이트 버스를 이용해 이동하면서 온 몸으로 체험한 어드벤처에 대한 체험담이다.

필자가 한 달 동안 힘들여 체험한 길은 그 옛날 잉카 사람들이 자신들의 생존을 위해 목숨을 걸고 숨어 다녔던 길이자 체 게바라를 의사로서의 편안한 인생을 내던져 버리게 하고 불세출의 혁명가로 거듭나게 한 길이다. 그런가 하면 20세기 초 예일대학의 고고학자 하이람 빙엄이 사라진 도시 마추픽추를 발견하기 위해 부에노스아이레스에서 리마까지 섭렵했던 바로 그 길이기도 하다.

30여 일간의 남미대륙 여정에는 3박 4일의 클래식 잉카 트레일 트레킹 외에 우유니 소금사막과 포토시 은광 탐사, 라파스의 죽음의 길 다운 힐 바이킹, 티티카카호수의 아만타니섬 민박 체험과 함께 체 게바라가 유년 시절 살던 알타 그라시아의 집과 예수회 수도원 그리고 에바 페론의 묘지 등 남미 여행의 진수를 대부분 담고 있다.

▲ 호주의 한 고등학교 생물선생인 조앤과 함께 한 마추픽추 전망대. 말하자면 마추파파(늙은 아빠)와 마추마마(늙은 엄마)가 호흡을 맞춘 기념사진 ▼ 해발 3,500미터의 잉카트레일 장도의 주변 장관. 운해가 감싼 잉카 유적지 일대 풍광이 한 폭의 그림이다.

LA공항의 처량한 노숙자

남미 종단 잉카 트레킹 여정도

- **Day 1 - 2**   리마 Lima (12/20 - 21)
- **Day 3 - 4**   쿠스코 Cusco (12/22 - 23)
- **Day 5- 9**   잉카트레일 트레킹 - 쿠스코 Trekking the Inca Trail - Cusco (12/24 - 28)
- **Day 10 - 12**   푸노 - 티타카카호 Puno - Lake Titicaca (12/29 - 31)
- **Day 13 - 15**   라파스 La Paz (1/1 - 3, 1/1 볼리비아 입국)
- **Day 16 - 17**   수크레 Sucre (1/4 - 5)
- **Day 18 - 19**   포토시 - 우유니 Potosi - Uyuni (1/6 - 7)
- **Day 20**   우유니 소금사막 Uyuni Salt Desert (1/8)
- **Day 21**   우아마우아카 - 틸카라 Huamahuaca -Tilcara (1/9, 볼리비아 출국)
- **Day 22 - 24**   살타 Salta (1/10 - 12)
- **Day 25 - 26**   코르도바 Cordoba (1/13 - 14)
- **Day 27 - 29**   부에노스 아이레스 Buenos Aires (1/15 - 17)

1일차: 12월 18일 인천국제공항

공짜 항공권의 명암

막내딸 결혼식 뒤처리와 아프리카 여행기 원고 교정으로 눈코 뜰 새 없이 바쁜 나날을 보내다가 오늘은 정신없이 인천공항으로 내닫는다. 외국항공사에 근무하는 큰 딸 덕분에 빈자리가 있어야 비행기 탑승이 가능한 조건의 스탠바이 공짜 항공권을 가지고 있는 나는 크리스마스와 연말연시가 겹친 성수기라 로스앤젤리스를 거쳐 페루의 수도 리마까지 별 탈 없이 갈수 있을지 심히 우려되는 상황을 맞았다.

탑승 대상 항공사인 아시아나와 아메리칸 항공을 알아보니 모두 만석이었기 때문이다.

'아이쿠! 이러다 리마에 가보지도 못하고 여행을 끝내겠는 걸…'

사위와 막내딸이 공항까지 차를 태워 주겠다고 어제 밤에 집에 와서 묵었다. 어제 밤 한시가 넘도록 아프리카 여행기의 교정을 본 나는 새벽 일찍 일어나 못 다한 교정을 다시 시작하여 아침 아홉시가 넘어서야 겨우 끝냈다. 어지럽게 널려있는 짐들을 캐리어 여행 가방에 채우니 공항으로 출발할 시간이다. 교정쇄를 출판사에 넘겨주기 위해 사위가 운전하는 차를 얻어 타고 아침 일찍 집을 나섰다.

연말이라 그런지 출판사가 소재하고 있는 서울대입구까지 가는데도 시간이 많이 걸렸다. 원고를 출판사에 건네준 아내와 나는 사위와 막내딸을 자동차와 함께 서울대 앞에서 집으로 돌려보내고 공항버스로 갈아탔다.

버스를 탄 후 아무래도 로스앤젤리스 행 좌석 잡기가 어려울 것 같아 항공사 간부인 후배에게 전화를 걸어 자리를 잡는데 도움을 달라고 부탁했다. 좌석 확보에 대한 불안감 때문에 아침에 집을 나서기 전에는 이번 남미 여행을 주관하고 있는 영국 여행사 한국 에이전시의 이 대리에게 전화를 걸어 가격 불문하고 정규 항공권을 따로 예약해 줄 것을 부탁했다.

공항에 도착해 항공사 카운터에서 체크인하면서 스탠바이 좌석 사정을 알아보니 역시 난감한 기색이 역력했다. 그러나 아주 절망적인 상황은 아닌 것 같은 뉘앙스를 주어 실낱같은 희망을 가질 수 있었다.

스탠바이 티켓은 다른 예약 승객들이 모두 탑승을 할 때까지 기다려야하기 때문에 좌석이 없어 출발을 못하게 될 상황을 맞게 될지라도 여행 중에 가볍게 읽을 책 두 권을 샀다. 만약을 위해 여행보험도 알아보

▲ 우유니 소금 사막 한 가운데 어부의 섬에 핀 선인장 꽃. 어부의 섬은 온통 선인장으로 뒤덮여 있다.

고 현지화 환전을 위해 공항 ATM기기에서 출금도 해뒀다.

 한숨을 돌린 후 공항 지하층의 한식당에 내려가 돌솥밥 하나를 시켜 전송 나온 마누라와 나눠먹고 있는데 항공사의 후배가 전화를 주었다. 오후 네 시 반 비행기를 탑승할 확률은 95%이고 저녁 여덟시 비행기 좌석은 100% 개런티가 되었다는 굿 뉴스다. '역시 네트워크가 좋긴 좋구나!'

 식사 후 공항 건물을 배회하다 지정된 시간에 항공사 카운터에 다시 가니 탑승권을 내어줬다. 탑승권을 받자마자 출국장 안으로 들어가려는데 학교의 행정과장으로부터 문자가 왔다. 축하한다는 내용이다. "무얼요?"라고 답 문자를 보냈더니 "학장 발령"이라고 답문이 왔다. '여행을 막 시작하려는데 보직 발령이 났다면 일정을 당겨서 돌아와야 할지도 모르겠구나!' 그러나 학교 당국의 공식적인 통보도 아니니 그냥 이대로 여정을 진행할 수밖에! 아무튼 아직 공항을 뜨지 않은 아내에게 이 소식을 전해줬다, 탑승권과 발령 소식이 한꺼번에 터지면서 경황없이 입국장으로 들어섰다.

 여행사에 따로 부탁한 정규 항공권의 예약 상황을 체크하기 위해 전화한 것을 빼고는 주위에 전화도 하지 못하고 비행기에 올랐다.

▲ 남미 종단 트레킹 구간 중 유일하게 비행기를 탄 리마와 쿠스코 구간의 비행기에서 바라본 산하. 웬일인지 우리의 그것과 매우 흡사하다는 생각을 하게 된다.

▼ 서부영화의 한 장면을 연상케 하는 라 퀴아카La Quiaca 주변 풍광

2일차: 12월 18일 로스앤젤리스 공항

스탠바이 대기자 명단

    비행기는 예정대로 현지 시간 아침 10시 경 날렵하게 로스앤젤리스 공항에 착륙했다. 도착하자마자 휴대폰 로밍을 작동시켰다. 밤샘 비행 끝에 로스앤젤리스 공항에 도착했지만 날자는 여전히 12월 18일이다.

    미국 입국을 위해 입국 심사대에 줄을 섰다. 그런데 입국 심사대의 대기 선이 장사진이다.

    '입국 심사를 위해 손가락 열 개를 다 찍고 얼굴 사진까지 찍어야 하니 오죽할까.'

    입국 심사만 한 시간여가 걸린 느낌이다. 후진국이 따로 없다. 미국이 이젠 늙고 병든 종이호랑이가 되어가고 있는 모습이다. 공항 시설이 모두 낡고 퇴색했음에도 불구하고 리노베이션을 위해 다시 투자할 줄도 모르고.

    로스앤젤리스 공항 국제선 터미널의 입국 수속을 마치자마자 짐을 찾아 리마 행의 중간 기착지인 마이애미 행 12시 20분 비행기를 타기 위해 사력을 다해 아메리칸 항공이 있는 터미널 4로 달려간다. 염려했던 것과는 달리 체크인 카운터에서는 의외로 순순히 체크인을 해준다.

'아니! 예약이 엄청나게 밀려 있다더니 이게 웬 떡!'

그러나 체크인 후 보딩을 하려고 단숨에 게이트로 내달았더니 항공사 직원이 막아선다.

기다려서 자리가 나면 보딩이 가능하단다.

'어쩐지 일이 쉽게 풀린다 했지.'

미국 공항의 입출국 시스템은 한국의 그것과는 달리 항공권의 자리 확약 여부와 관계없이 일단 CIQ(customs, immigrations, quarantines)[1]에 입장시킨 후 항공기 게이트에서 자리가 나는 상황에 따라 보딩을 시키는 시스템이다. 반면에 우리나라는 자리가 확보된 사람만 CIQ에 입장시키고 스탠바이 대기자들은 항공사의 체크인 카운터에서 계속 기다려야 하는 시스템이다.

스탠바이 승객이 의외로 많아 12시 20분, 14시 30분의 마이애미행 비행기를 잇달아 놓치니 맥이 빠졌다. 아무래도 티켓을 따로 구입해 가는 게 상책일 것 같아 서울의 아내한테 전화했더니 너무 조급하게 굴지 말고 기다려보란다. 마이애미 행 비행기 출발 시간마다 열 명 이상의 스탠바이가 있고 그중 우선순위에서 내가 매번 맨 꼴찌다.

머리 하얀 나이에 이렇게 황당한 일을 겪을 줄이야!

아무튼 저녁 9시 15분 비행기에 마지막 행운을 기대해 보고 안 되면 내일 새벽 6시 비행기인데 내일 상황 역시 안 좋기는 매 한가지란다.

　게이트를 옮겨 다닌다고 정신없다가 배가 고파와 공항 내에 있는 식당들을 둘러보니 샐러드 세트가 15달러, 버거킹 피쉬 버거 세트가 10달러이다.

　'공항이라 그런가, 아님 미국 물가가 이렇게 많이 올랐다는 말인가.'

　샐러드 세트로 저녁을 간단히 때우고 다음 비행기들을 기다리기 위해 게이트를 또 다시 옮겨 다녔다. 그러나 저녁 9시 15분, 11시, 11시 30분 비행기 모두에 내 자린 결국 없었다.

---

1) 공항 내의 통관, 출입국 수속, 검역 구역으로 항공권 소지자에 한해 출입이 허용되는 배타적인 장소. 공항 면세점도 이곳에서 운영되고 있다.

▲ 우유니 소금사막의 원근법을 활용해 연출한 걸리버와 소인들의 연출사진. 일행 중 필립이 카메라 앞에 누워있고 나머지 일행들은 원근법을 이용해 일정한 거리에서 촬영하면 이런 광경이 연출된다.

3일차: 12월 19일 로스앤젤리스 공항 터미널

공항 터미널에서 새우잠을 자다

생전 처음으로 공항 터미널 바닥에서 새우잠을 잤다.

나 말고도 공항 바닥에서 잠을 청하는 사람들이 꽤 있어 그나마 위안이다. 어떤 승객들은 가족 모두가 모포를 준비해와 잠을 자고 있어 놀라웠다. 공항 대기실 바닥에서 눈을 부치는 둥 마는 둥 하다가 소란스러워 깨어보니 새벽 4시 반인데 벌써 손님들이 몰려들어오고 있었다.

'오늘 새벽엔 어떻게든지 자릴 잡을 수 있어야 할 텐데.'

그러나 일반 승객들의 보딩이 끝난 후 스탠바이 명단이 뜬 것을 보니 24명 중 내 우선순위는 22위다. 절망이었다. 6시 마이애미 행 비행기 보딩이 끝났음을 알리는 탑승 게이트의 철문이 무겁게 닫히는 것을 보고 있자니 내 마음도 같이 무겁게 내려앉았다. 그래도 8시와 9시 15분에 실낱같은 희망을 걸어보았지만 모두 허사였다. 그렇다고 하루나 이틀을 공항에서 더 기다린다고 해도 상황이 좋아질 것 같지가 않았다. 그렇다면 대안을 검토해야 한다.

다른 항공권을 구입하는 방법, 집으로 돌아가는 방법. 어떤 대안을 선택하는 이미 비행기 화물로 실려 간 가방의 소재를 먼저 파악해야 했다.

공항 CIQ 내 고객센터에 문의해보니 가방의 소재는 배기지 클레임 baggage claim[2)]에 가봐야 알 수 있단다.

로스앤젤레스 공항 아메리칸 항공 터미널의 배기지 클레임 표지판을 쫓다보니 자연스럽게 공항 CIQ를 벗어나 배기지 클레임 구역으로 연결됐다. 이제 다시 터미널 안으로 그냥 들어갈 수는 없다는 의미다.

배기지 클레임에서 짐을 확인해 보니 다행스럽게도 내 가방이 페루의 리마 공항에 도착해 있단다. 그렇다면 나의 대안은 어떻게 해서든지 항공권을 가격 불문 구입해서 리마에 도착하는 것이다.

서울의 아내에게 급하게 전화를 해 상황을 설명하고 인터넷을 통해 표를 구입하도록 부탁했다. 아내는 아닌 밤중의 홍두깨라고 새벽 3시에 깨어나 전화를 받는다고 했다.

그러나 어쩌란 말이냐. 나는 나대로 2번 터미널로 옮겨가 란칠레 항공 카운터에서 리마 행 항공권을 알아봤다. 표가 없는 건 아닌데 비즈니스 클래스뿐이란다. 가격도 편도에 자그마치 4천 달러나 되고.

하는 수 없이 터미널을 또 옮겨 아비앙카항공사의 항공권 사정을

2공항에서 여행 중 잃은 가방을 찾아 주는 곳

알아보니 비즈니스 클래스조차 없단다. 란칠레 항공 카운터로 다시 돌아와 만일을 대비해서 비즈니스 항공권을 예약만 했다. 예약을 마치고 나니 마침 서울의 아내가 전화를 주었다. 다행히 1,600달러대의 항공권을 인터넷에서 찾았는데 서울의 우리 카드로 결제가 되지 않아 부득이 로스앤젤리스의 자기 친구에게 결제를 부탁했단다.

'으흠! 결국 로스앤젤리스의 마누라 친구의 신세를 질 수 밖에 없는 상황까지 몰리고 말았구나. 이번 여행에서 어느 누구의 신세도 지고 싶지 않았건만…' 로스앤젤리스의 마누라 친구와 이래저래 전화를 해야 되는데 이번에는 핸드폰 배터리가 다 떨어져 갔다. 충전기가 항공 수하물로 리마에 이미 실려가 있어 충전기를 사 보려고 터미널 안의 이 가게 저 가게를 전전해 보아도 우리 시스템에 맞는 충전기를 구할 수 가 없었다.

'아니 한국과 미국이 이렇게 다른 것도 있었단 말인가! 문화적·기술적으로 우리는 미국의 우산 속에 속해 있는 줄만 알았는데.'

마지막 순간의 항공권은 그야말로 시시각각으로 상황이 변한다. 큰 딸이 인터넷으로 잠정 확보했던 1,600 달러대의 티켓은 순식간에 없어졌단다. 로스앤젤리스의 아내 친구 딸이 인터넷에서 보았던 1,900 달러대의 티켓도 우물쭈물 하는 사이 날아가 버리고.

전화로 연결되어 있는 아내 친구 딸은(이번에 캘리포니아 변호사 시험에 합격했다는 재원이다) 상황이 급박하게 돌아가니 4천 달러짜리 비즈니스 클래스를 당장 예약하겠다고 아우성이었다. 그도 그럴 것이 한 시간의 웹서핑만에 겨우 찾은 결과라서 놓치고 싶지 않았던 거다. 그래도 그 딸의 아빠는 헬렌이라는 여행사 사장의 능력을 믿고 딸의 선택을 과감히 버리라고 했다.

어쨌거나 운 좋게도 여행사 사장 헬렌은 1,850달러의 이코노미 티켓을 확보하는데 성공했다.

'역시 여행사가 다르긴 다르구나.'

판단 착오와 작은 이해에 얽매여 2,300 달러이면 남미까지 편안하게 다녀올 수 있었던 여정을 돈은 돈대로 날리고 고생은 몇 곱으로 부풀려서 한 꼴이 됐다.

미국의 크리스마스와 연말연시 항공권 사정이 우리나라의 추석과 설날의 귀성 전쟁과 흡사하다는 것을 이번에 처음 경험했다.

'그 와중에 스탠바이 항공권으로 여행을 하겠다고 나섰으니 너도 참 딱하다!'

이번의 한 바탕 소란으로 예약의 중요성을 절실히 깨달았다.

'나중에 죽어서 하늘나라 가는 표가 있다면 그 길로 가는 표도 이와 유사한 상황이 아닐까. 표가 없어서 동동거려야 하는…'

값비싼 경험이지만 어찌 보면 남은 삶에 대한 지침을 크게 깨닫게 해준 한바탕의 에피소드가 아닐 수 없었다.

우리가 살아가는 데 네트워크도 참 소중하다.

'로스앤젤리스의 아내 친구 남편이 그렇게 헌신적으로 우리를 도와주지 않았더라면 그 후 상황이 어떻게 전개되었을까.'

아내 친구 남편 강 사장은 주말의 그 바쁜 와중에도 공항까지 직접 나와 주고, 된장찌개도 사주고, 자신이 운영하는 사우나에서 쉬게 해 준 것은 물론 잠까지 재워주고. 내 핸드폰 배터리 나간 것을 알고 사무실의 전화를 마음대로 쓰라고도 했다.

'네트워크의 혜택과 고마움이 이리도 크다니, 우리도 이처럼 베풀며 살아가야 할 텐데…'

그러나 나중 후문에 따르면 내가 당시 사용한 전화요금이 수백 달러에 달해 나를 위해 애써준 강 사장이 크게 당황해 했었단다. 전화 연결되는 김에 한국은 물론 남미 등에 전화를 해댔으니 오죽했으랴!

강 사장이 운영하는 헬스에서 사우나와 휴식으로 피로를 푼 나는 한인 타운의 한 스시집에서 회 한 접시를 놓고 모처럼 매실주와 따뜻한 사케 한 도쿠리[3]를 시켜놓고 지난 몇 일간의 악몽을 씻어내는 여유를 부렸다.

'모든 일이 결국 감사하구나.'

저녁에는 사우나 숙소로 돌아와 강 사장 사무실에서 아내와 행정과장에게 차례로 전화를 걸어 보직 발령에 따른 후속 조치들을 논의했다.

3) 주둥이가 잘쏙한 조막 병으로 일본 술 사케나 중국 술 고량주를 마실 때 주로 쓰인다.

▲ 우리의 설날이나 추석에 버금가는 미국의 크리스마스에 대기 항공권으로 여행하며 겪은 공항 노숙의 서글픔. 머리 허여가지고 겪은 이국 땅 노숙의 서러움은 당해보지 않으면 모른다.

4일차: 12월 20일

하늘이 무너져도 솟아날 구멍은 있다

    어제 저녁 10시 반쯤 사우나의 찜질방에서 잠이 들었는데 깨어나 보니 자정 12시 반이었다. 냉수 한 잔을 챙겨 단 숨에 들이 키고 다시 잠을 청하자마자 이내 골아 떨어졌다. 잠결에 밖에서 누군가 문 여는 인기척을 느끼고 깨어났는데 시계를 챙겨보니 아직 새벽 네 시 반밖에 되지 않은 시각이었다.
    찜질방의 더위 속에서 범벅이 된 땀을 닦아낸 후 휴게실로 나가 안락의자에서 잠을 청했다. 이내 잠에 떨어졌나 싶었는데 이번엔 진짜 인기척으로 깨어보니 찜질방 종업원이 날 깨웠다.
    아이쿠! 좀 일찍 일어나 샤워도 하고 여유 있게 공항으로 출발하려 했는데 오히려 깊은 새벽잠에 떨어져 아침 7시가 다 된 시간이었다. 다행히 배낭을 새벽에 잠시 깨었을 때 챙겨 놓았기 때문에 허겁지겁 배낭만 찾아 걸머메고 총알같이 대기 중인 콜택시로 내달았다.
    로스엔젤리스의 시원한 프리웨이[4]를 타고 공항의 델타항공 터미널에 도착하니 7시 20분이 다 되어갔다.

그런데 이게 어찌된 일인가. 체크인을 위한 대기선이 터미널 밖에까지 구불구불 장사진이다.

30여분 만에 겨우 체크인을 마쳤더니 이번엔 안전심사대 통과를 위해 30여분을 또 기다려야 했다. 겨우 안전 검사를 마치고 게이트에 도착했더니 모든 승객들이 이미 보딩을 끝낸 탓으로 게이트가 텅 비어 있었다. 그래도 보딩 전에 강 사장과 아내 친구, 정 여사에게 전화는 하고 가야할 것 같아 시간을 좀 줄 수 없겠냐고 했더니 항공사 직원이 빨리 탑승하라며 얼굴을 붉혔다.

델타항공은 예정시간을 조금 넘겨 아틀란타 공항에 착륙했다.
1,850달러(그것도 편도 요금만으로)나 지불한 비행기지만 아침식사를 7달러나 주고 사먹어야 했다.

아르헨티나 북부 라 퀴아카La Quiaca 지역 선인장 군락지. 선인장 높이가 사람을 압도하고 있다.

'미국 비행기들이 왜 이리 인색해 졌단 말인가. 이런 서비스로는 아시아권 항공사들에 의해 따라 잡히는 게 시간문제이겠구나.'

델타항공기가 아틀란타 공항에 예정보다 늦게 도착한 바람에 그렇지 않아도 항공 일정상의 트랜지트[5] 시간이 50분밖에 안되어 걱정이었는데 비행기를 갈아탈 수 있는 시간이 30여분 밖에 남지 않아 터미널 안을 전 속력으로 달렸다. 아틀란타의 스키폴공항은 규모가 엄청나 콩코스와 콩코스를 모노레일을 타고 이동해야 한다.

'B 콩코스에서 E 콩코스[6]까지 겨우겨우 이동해 E14 게이트에 도착하니 이게 웬일! 게이트가 텅 비어 있는 게 아닌가! 아니 내가 게이트를 잘 못 찾아왔나? 그리고 게이트가 웬 노스웨스트 항공?'

순간 당황해서 멈칫했더니 미국인 항공사 직원이 일본말로 빨리 탑승하란다. 코드쉐어[7] 항공이었던 모양이다. 그나저나 동양 사람을 모두 일본 사람으로 오인한 탓으로 나는 졸지에 일본 사람이 되어 버렸다.

'하긴 여행 중에 불리한 일이 있을 때는 일본 사람 흉내를 내라는 우스갯소리가 있긴 했었지.'

내가 비행기에 탑승하자마자 비행기는 비로소 탑승구 문을 닫고 이륙 준비가 다 되었다는 기내 방송을 한다. 모든 승객들이 탑승을 마치고도 나를 기다리기 위해 게이트를 닫지 못하고 있었던 것이다.

4) 통행료를 지불하지 않아도 되는 고속도로
5) 공항 내에서 다른 비행기로 갈아타는 일정
6) 공항의 터미널과 터미널 사이를 연결해 주는 통로. 미국과 같이 대규모 공항인 경우 이곳에 모노레일을 설치하여 운영하는 경우가 많다.
7) 항공사 간의 계약에 의해 좌석의 일정량을 타 항공사에 제공하는 제도

'휴우~. 이번 여행, 참 간단치가 않네. 어쨌거나 리마 행 델타 156편 항공기에 몸을 싣고 이렇게 오늘 일어난 일들을 비행기 안에서 정리하고 있어 다행이다. 모든 일이 감사할 따름이다.'

▲ 광활한 살타 초원의 승마. 트레킹 중에 쌓인 피로와 스트레스를 한꺼번에 날린 추억이다.
▼ 카파야테 와이너리 여정의 휴게소에서 만난 리마. 사람들에게 익숙해진 탓인지 나그네한테도 매우 친숙하게 다가온다.
▶ 카파야테 와이너리 여정 도중에 마주친 리아스시식 절벽

페루

5일차: 12월 21일

리마 택시기사의 천연덕스러운 바가지요금

   리마 사정을 잘 모르는 나는 로스앤젤리스에서 리마의 호텔에 전화를 걸어 호텔 예약이 잘 되어 있는지를 확인하면서 공항에서 호텔까지의 택시 요금을 물었다.

   그러자 영어가 매우 서툰 프런트 데스크 직원이 "투엔티 투 투엔티 파이브twenty to twenty five"라고 답했다. 여행 출발 전에 구입한 남미 여행 가이드북은 페루 택시의 바가지요금에 대해 주의할 것을 권고하고 있어 조심스러웠다.

   공항에 내리니 새벽 한시가 넘은 시간이고 여러 비행기들이 동시에 착륙해 공항 입국 심사대는 구불구불 긴 줄로 매우 혼잡했다. 한 시간 여의 입국 수속과 로스앤젤리스에서 이틀 전에 부친 짐을 찾아 나서니 새벽 두 시가 넘었다. 배기지 클레임에는 나처럼 미리 부친 짐을 찾는 미국인 아가씨가 있었는데 남프랑스의 농촌에서 살고 있다고 했다. 뉴욕을 경유하면서 친구를 만나느라 비행기를 놓쳤는데 비행기 자리가 다시 잡히지 않아 다시 예약하는데 며칠이 걸렸다고 했다.

 공항 터미널을 나서니 택시 기사들의 호객이 극성이었다. 호객 택시보다는 일반 택시를 타는 게 좋다는 여행가이드북의 권유가 생각나 몇 사람을 지나쳤지만 결국은 호객 택시에 붙잡혔다.

 후앙 라미네스라는 기사는 영어가 비교적 유창했는데 택시가 출발하기 전에 차안에서 성호경을 그었다. 이 성호경 때문에 사람 좋은 사람으로 믿고 당신의 택시를 탄 건 행운이라고 추켜 세웠다. 후앙은 호텔에 도착하니 택시비 20달러를 받으며 천연덕스럽게 팁까지 요구해서 2달러를 따로 지급했다. 전화로 택시요금을 확인할 때 20에서 25라고 들은 나는 비교적 싼 요금으로 생각해 아무 의심도 없이 택시 요금과 팁을 지불했다.

 그러나 이튿날 오전 일행들을 만나 택시비 얘기를 했더니 20달러가 아니라 현지화 20솔Sol(약 7달러)라고 했다.

 '눈감으면 코 베어가는 놈 있다더니 내가 이렇게 허망하게 당할 줄이야.'

 아침에 이번 여행일정을 동반하며 관리해 줄 여행 가이드, 유리를 만나 여행 일정을 소개받고 여권을 건네주었더니 날보고 뉴질랜드 국적이 아니냐고 반문한다. 난 분명 한국 사람이라고 했더니 자기가 받은 정보로는 내가 분명 뉴질랜드 패스포트 소유자로 되어 있단다. 잉카트레일 갈 때 여권 정보에 오류가 있으면 입장이 불가능하다며 난색을 지었다.

 잉카트레일은 잉카족들이 도보로 행군하던 산악 도로를 의미한다.

▲ 리마의 거리에서 연출된 민속춤의 아름다운 자태. 마치 한 쌍의 나비가 어울린 것 같은 날렵한 모습이다.

▲ 페루 리마 도심 플라자 드 아르 마스 광장에서 펼쳐진 국가의 독립을 축하하는 민속춤 퍼레이드

구미의 여행자들에게는 마추픽추만 단순히 관람하는 것 보다는 이 길을 따라 트레킹을 하며 캠핑을 한 후 최종적으로 마추픽추를 관람하는 것이 훨씬 더 인기 있는 코스이다.

그나저나 예약 정보가 내가 최초로 예약했던 영국의 '이매지너티브Imaginative여행사', 호주의 '겟코Gecco여행사' 그리고 페루의 현지 랜드land[8]사를 거치면서 정보 전달이 잘 못된 모양이었다. 여행사의 착오로 잉카트레일의 여권 신청이 잘못되어 어쩌면 잉카트레일이 어려울지도 모른단다.

그러나 유리의 노력으로 가까스로 여권 정보를 정정하여 잉카트레일에 문제가 없게 되었다. 어딜 가나 시행착오도 있고 또 그에 대한 해법도 있는 법이다.

리마는 페루의 수도이자 리마 주의 주도이기도 하다. 리마는 1535년 1월 18일에 잉카를 정복한 스페인 정복자 프란시스코 피사로Francisco Pizarro에 의해 쿠스코 대신 수도로 세워진 계획도시이다. 잉카의 수도였던 쿠스코가 내륙의 고원에 위치하여 스페인으로의 물자 수송이나 연락이 여의치 않아 태평양 연안에 별도로 도시를 건설하여 식민 지배의 효율성을 높이기 위한 곳이었다. 이런 연유로 스페인 통치 기간 동안 도시가 크게 번창하게 됨에 따라 리마에는 스페인 식민 초기의 건축물들이 많이 보존되어 있다. 현재의 리마는 유네스코UNESCO 세계문화유산에 등록되어 보존되고 있는 역사중

---

[8] 관광객 송출국 여행사의 의뢰를 받아 여행 대상국에서 관광객들의 교통·식사·숙박 등을 대행해 주는 현지 여행사

심지구와 해안 지역의 신도시로 양분되어 있다.

여행자들이 많이 찾고 있는 리마의 역사중심지구는 스페인 콜로니얼의 전형적인 모습을 갖추고 있다. 바둑판처럼 구획된 도심의 중앙에 타원형의 아르마스 광장Plaza de Armas을 배치하고 이 광장을 중심으로 관청 건물과 대성당을 위시한 나머지의 건물들을 배치하는 방식이다.

16세기 이후 리마는 스페인 식민 지배의 거점으로서 엄청나게 매장되어 있던 포토시의 은을 유럽에 수출하는 중계지로 번창했다. 리마의 번영과 함께 문화 역시 꽃을 피워 산 프란시스코교회 등의 화려한 건축물이 잇따라 지어졌다. 1551년에는 남미에서 가장 오래된 산 마르코스 대학도 이곳에 설립되어 졌다.

스페인 콜로니얼 시대의 리마에는 아프리카에서 끌려온 노예, 시골에서 상경한 원주민 그리고 메스티소가 함께 살아가면서 스페인 이민 1세대로 구성된 백인 상류층의 문화와는 별도로 백인 이민자들이 만들어 낸 크리올로 문화가 따로 형성되었다.

1808년 나폴레옹 보나파르트가 자신의 형을 스페인 왕 호세 1세로 즉위 시키자 그에 반발한 민중들이 봉기를 일으키면서 스페인 독립 전쟁이 발발하게 된다. 백인 이민자들의 후손인 크리올로들도 호세 1세에 대한 충성을 거부하고 남미 대륙에서 독립 전쟁을 일으킨다. 이후 리마는 독립 전쟁의 혼란을 겪다가 다시 스페인 왕당파군에 탈환되었지만 결국 시몬 볼리바르와 안토니오 호세 데 수크레가 왕당파를 물리치고 마침내 페루의 독립을 성취하게 된다.

리마의 기후는 해안 북쪽 해류의 영향으로 기온이 낮아 가장 따뜻한 달인 2월이 섭씨 22~3도 정도이고 가장 추운 달인 8월에도 섭씨 15도 이하로 내려가는 일이 드물다.

페루 리마 다운타운의 유럽풍의 성당과 열대식물의 아름다운 조화

리마를 상징하는 대표적인 건물은 1535년 리마가 건설될 당시 지어진 리마 대성당이다. 리마를 건설한 프란시스코 피사로가 직접 성당의 주춧돌을 놓았으며 성당 안에 피사로의 유해가 안치되어 있고 거대한 규모의 피사로의 전신을 그린 그림도 걸려 있는 곳으로도 유명하다.

건물 정면의 화려한 아름다움 때문에 많은 여행자들이 찾고 있는 산 프란시스코 성당은 수많은 유골이 안치되어 있는 성당 지하 묘지가 특히 유명하다. 이 성당의 도서관에는 16~18세기의 희귀한 서적들이 다수 소장되어 있고 종교예술박물관에는 종교서적과 의상이 전시되어 있다.

1735년에 지어진 토레 타글레 궁전은 리마의 식민지 시대 건축물 중 가장 아름다운 건물로 꼽힌다. 건축학적으로 당대의 걸작으로 평가되고 있으며 현재도 정부의 외무부 청사로 활용될 정도로 보존 상태도 완벽하다.

이밖에도 1563년에 건설된 남아메리카에서 가장 오래된 극장과 함께 스페인 식민 시대의 건물이 많이 남아 있는데 특히 인류고고학박물관에는 잉카 시대 이전의 문화를 알려주는 귀중한 고고학적 유물들이 많이 진열되어 있다.

리마는 '리마신드롬Lima Syndrome'이라는 단어로도 우리에게 잘 알려진 도시다.

리마신드롬은 인질범들이 인질들에게 정신적으로 동화되어 자신을 인질과 동일시함으로써 공격적인 태도가 완화되는 현상을 말한다. 리마증후군이라고도 하는데 1997년 리마에서 반정부 조직 요원들이 127일 동안 인질들과 함께 지내면서 차츰 인질들에게 동화되어 미사도 같이 보고 인질들을 위한 의약품의 반입을 허용하는가 하면 자신들의 신상을 털어 놓기도 하는 등 인질들에게 친절을 베풀게 된다. 리마신드롬이란 인질범들의 여러 가지 이상 현상에 대해 심리

학자들이 붙인 범죄심리학 용어다.

  도착 이튿날 리마에서는 산 프란시스코 성당과 수도원 안의 지하 묘지인 카타콤베catacombe[9]를 둘러보고 리마의 신 도시 해변에 들러 피어식당[10]에서 점심을 먹었다. 호주에서 온 생물학 교사 조앤, 변호사 바네샤, 컴퓨터 그래픽 디자이너 매리앤과 동행했는데 쓸 데 없는 얘길 잘도 조잘대는데 나만 홀로 제트 래그jet lag[11]때문에 닭 졸 듯 꾸벅댔다. 저녁에는 리마의 워터 파크를 둘러 본 후 하루 일정을 마무리했다.

  그런데 집에서 짐 꾸릴 때 분명히 챙겨 넣은 배터리 충전기의 헤드가 아무리 찾아도 보이질 않았다.
  '어디다 두었을까?'
  호텔에 돌아와 무선 인터넷을 시도하였지만 연결이 되질 않았다. 하는 수 없이 전화로 서울의 아내에게 안착 신고를 하고 허둥대느라 감사 인사도 제대로 전하지 못한 로스앤젤리스의 강 사장과 겨우 통화했다.

---

9) 초기 기독교인들이 신앙을 지키기 위해 숨어 지내던 지하 묘지. 원래 로마의 아피아 가도에 접해 소재했던 고대 로마 말기의 묘지군 중에서 특정 지역을 가리킨 호칭이었으나 나중에 보편화되어 사용되게 되었다.
10) 다리의 교각 밑이나 근처에서 운영되는 식당을 지칭하는데 대개 강, 바다, 호수 등의 수변이라서 아름다운 경관을 자랑하고 있다.
11) 장거리 비행과 시차의 결과로 몰려오는 피로감

6일차: 12월 22일

잉카제국의 수도 쿠스코

아침 일찍 호텔을 체크아웃 한 후 란칠레 항공편으로 쿠스코로 이동했다. 비행기에서 바라본 페루의 산하가 우리의 그것과 매우 흡사했다.

'그래서 사람들의 겉모습도 비슷하게 생겼나?'

쿠스코에 도착해서도 일행의 멤버 숫자가 홀수라서 싱글 룸을 배정받았다. 숙소의 환경이 마음에 쏙 드는 유스호스텔이었다. 점심을 모두 같이 사먹고 오후에 쿠스코 시내 투어에 조인했다.

쿠스코는 안데스 산맥 해발 3천 4백여 미터 지점의 분지에 형성된

쿠스코 성당 앞을 달리고 있는 티코 택시들이 나그네의 외로움을 달래준다.

▲ 쿠스코의 전형적인 뒷골목으로 스페인 문화의 영향으로 좁지만 정겨운 모습이다.

도시로 잉카제국의 수도로서 한때 백만 명이 거주했었다고 한다. 쿠스코는 케추아어로 세계의 배꼽이라는 뜻이라고 한다. 잉카인들은 하늘은 독수리, 땅은 퓨마, 땅속은 뱀이 지배한다고 믿었다고 한다. 잉카인의 이러한 세계관에 따라 쿠스코는 도시 전체가 퓨마 모양을 하고 있다.

잉카 신화에 의하면 티티카카호에서 태어난 만코 카팍과 그의 누이 마마 오클로가 1,200년 경 쿠스코를 세웠다고 한다. 만코 카팍이 황금 지팡이를 두드리자 기적처럼 땅이 열리며 지팡이를 삼켰는데, 그 지점에 주춧돌을 놓아 도시를 세웠다는 전설이 전해지고 있다.

그러나 역사적으로 쿠스코는 8세기경에 이미 거주지가 형성된 곳이다. 쿠스코가 잉카제국의 수도로 성장한 것은 1438년 만코 카팍의 18대손인 파차쿠티 왕 때다. 파차쿠티 왕은 사피와 툴루마요 강에 수로를 만들고 두 강 사이 길고 가는 땅에 쿠스코를 건설했다. 도시는 잉카 사람들이 신성시했던 동물인 퓨마 형상을 따랐다고 했다.

쿠스코 역시 남미의 다른 콜로니얼도시와 마찬가지로 대 광장을 중심으로 도로가 방사선 형태로 뻗어 있는 아름다운 도시다. 쿠스코의 금빛 찬란한 성벽과 보석이 달린 조각상들은 황금을 찾아 신대륙으로 온 유럽의 정복자들의 이성을 잃게 하는데 충분했다. 스페인의 정복자 프란시스코 피사로는 자신의 병사 88명과 함께 잉카 제국의 보물을 마구잡이로 약탈했다.

식민 통치자들은 잉카제국의 궁전과 신전 자리에 유럽풍의 궁전과 종교 건축물을 세웠다. 태양 신전 코리칸차 터에는 산토도밍고 교회가, 와이나 카파쿠 궁전 터에는 라 콤파냐 헤수스 교회가 세워졌고, 태양 처녀의 집터에는 산타카타리나 수도원이 지어졌다. 식민 통치의 결과로 쿠스코는 아름답고 장엄한 바로크 양식의 건축물들로 가득 차게 되었다. 대성당과 산 안토니오 아바드 델 쿠스코San Antonio Abad del Cusco국립대학도 식민지 시대에 지어진 유명한 건물들이다.

스탠바이 티켓과 공항에서의 새우잠으로 인해 스트레스를 많이 받은 탓인지 몇 년 동안 탈이 없던 대장이 다시 안 좋아 진 것 같다. 아랫배가 살살 아파오기 시작했기 때문이다. 저녁 식사는 시내 중심가의 바에 가서 머쉬룸 수프에 맥주 한잔으로 간단하게 때웠다. 점심을 치킨수프와 샐러드로 잘 먹었더니 식욕이 당기지 않았기 때문이다. 점심도 그랬는데 페루의 식문화와 음주문화는 서양의 그것들과 크게 다르지 않다. 바에는 각국의 지폐가 붙어 있어 나도 우리 돈 1000원짜리도 같이 붙여 놓았다.

식사 후 산책 겸 구경을 위해 시내에 나가 카메라 충전기를 구입했다. 120솔(미화 40달러 정도)로 엉성한 제품에 비해 비교적 비싼 값이다. '그나저나 서울에서 가방 쌀 때 분명히 챙겨 넣은 충전기가 도대체 어디로 사라졌단 말인가. 귀신이 곡할 노릇이다.'

쿠스코 시내 투어에서 숙소로 돌아와 잉카 트레일에 관한 오리엔테이션이 있었다. 생각했던 것 보다 어려운 산행이 될 것 같다.
 '장비도 미흡하게 준비해온 것 같고. 투어를 주관한 영국 여행사의 서울 에이전트는 왜 이런 것들을 미리 챙겨주지 않은 걸까? 아니지, 그러고 보니 잘난 체 한 내게 잘못이 더 많다. 오리엔테이션 신청하라고 여행 준비 문서에 분명하게 제시되어 있긴 했지만 내가 신청을 안 하고 안 들은 탓이지. 그럴더라도 여행사는 이런 걸 좀 더 적극적으로 손님에게 챙겨주는 게 의무 아닐까?'
 어쨌거나 트레일 코스는 몇 번 해 본 지리산 종주보다 훨씬 더 어려울 것 같았다. 그러나 다행인 것은 가이드와 포터porter[12]가 충분히 따라 붙는 거 같아 안심이 됐다. 심혈관 관상동맥 수술 후에는 가파른 등산이 두렵다. 담당 주치의가 남미여행을 하지 않았으면 좋겠다고 권고한 탓도 있다.

[12] 잉카 트레일 중 짐을 대신 메고 가 줄 짐꾼들

◀ 3박4일의 잉카트레일 피로를 풀기 위해 찾은 쿠스코의 사우나로 잉카 트레일의 고락을 함께 한 여인들이 배스 로브를 갈아입은 채 포즈를 취해 주었다.

▼ 쿠스코 거리의 전통 의상을 갖춘 현지 여인네들과 아이들은 관광객들을 위해서는 소중한 포토 존이다.

페루 49

7일차: 12월 23일

엎친 데 덮친 격인 협심증 환자의 고산병

　시차 탓으로 여전히 아침마다 일찍 깨어나기 때문에 호텔 식당이 문을 여는 여섯 시에 아무도 없는 곳에서 혼자 아침 식사를 했다. 식사 도중에 랩탑 컴퓨터를 이용해 인터넷을 시도했으나 연결되지 않는다. 호주에서 온 쌍둥이 자매 중 하나가 고산병Altitude Sickness[13]에서 비롯된 현기증으로 쓰러져 어제 병원에 입원했다고 했는데 다른 쌍둥이 자매가 일찍 식당에 내려왔다. 환자에 대해 이런 저런 안부를 물어봤다.

　식사와 여행 일기 정리를 마치고 방에 들어와 잠을 청했는데 일어나 보니 8시 반이었다.

　'아이쿠! 아침 9시에 출발하겠다고 했는데.'

　그러나 다행히 늦지는 않아 전용버스를 타고 세이크리드 밸리투어를 떠났다.

　세이크리드 밸리Sacred Valley는 페루의 시에라 남쪽에 있는 계곡으

▲ 친치엘로 계곡으로 계곡과 전원 풍경이 교차해서 아름답다.

▼ 친치엘로의 목가적인 농촌 마을. 마음을 평안하게 해주는 전원 모습이다.

로 아름다운 잉카 유적이 많이 남아 있는 곳으로 유명하다. 이 계곡은 잉카제국에서 가장 풍요로웠던 곳이나 제국에 속하지 않고 잉카왕의 개인 재산으로 관리되었던 곳이라 '성스러운 계곡'이라고 불리게 되었다고 한다.

중간에 친치엘로Cinciello라는 곳에 들렀는데 매우 아름다운 곳이다. 특히 이곳에 1600년대에 지어졌다는 성당은 프레스코화[14]가 벽면과 천정에 그대로 남아 있어 참으로 아름다운 모습이다.

동서양을 막론하고 사찰이나 성당은 마을이나 타운의 가장 좋은 곳에 위치하고 있다. 우리나라의 경우와 같이 페루의 가톨릭 역시 민속 종교와 타협한 모습이 여기저기 눈에 뜨인다. 효율적인 선교를 위해서는 현지 종교와의 타협은 필수가 아니었을까.

이곳의 농민들은 2,000 가지가 넘는 감자 농사를 짓고 있다고 한다. 마을이 모두 해발 3,000m 이상의 고지여서 감자 농사에 최적의 조건이란다. 언덕 아래 마을의 계곡은 감자 농사가 되지 않아 옥수수 농사만 짓는단다. 이곳 인근에는 소금 우물이 있어 소금이 주력 수출품이기도 하단다. 빙하기 이전의 그 옛날 이곳은 바다가 융기되어 생성된 땅이라는 얘기다.

---

13) 고산 등의 저압 환경에 대한 불충분한 혈액순환 때문에 일어나는 장애. 주요 요인은 저 산소 상태의 환경이며 한랭이나 과로 등도 발생요인이다.
14) 프레스코는 벽에 회 반죽을 바르고 그것이 마르기 전에 물에 안료를 개어서 그림을 그리는 기법이다. 프레스코 페인팅이라고도 한다.

친치엘로를 지나 오늘의 목적지인 세이크리드 밸리에 도착했다. 잉카시절 제단을 쌓아 놓은 산과 계곡으로 구성되어 있는 마을이다. 잉카 건축의 경이는 몇 톤씩이나 되는 돌을 산위로 옮겨 놓은 기술과 몰타르 없이 돌을 쌓은 솜씨다.

밸리 답사를 마치니 오후 2시다. 인근의 뷔페식당에서 점심을 먹고 버스에 올랐는데 어제와 마찬가지로 졸음이 쏟아져 왔다.

천성적으로 잠이 많은 나는 졸음을 주체할 수 없는 습관을 가지고 있다. 심지어 군에 입대해서 훈련 중에도 엉덩이만 땅에 닿으면 졸았을 정도다. 조앤과는 공교롭게도 사흘 째 옆자리에서 투어를 같이 하게 되었는데 매일 같이 조는 내 모습을 보며 내가 환자인줄 알았단다.

'시차가 주범인 이 졸음. 어찌하면 좋을 고!'

일행은 중간에 마켓에 들러 잉카 트레일에 필요한 쇼핑을 했는데 나는 버스에 남아 잠을 잤다. 일행이 돌아와 깨워서 일어났는데도 여전히 잠이 부족했다. 이렇게 쏟아지는 잠은 시차 때문만은 아닌 것 같다.

LA공항에서의 스탠바이, 3천 미터 이상의 고도, 협심증 등이 겹치면서 몇 년 전과 달리 체력이 많이 약해진 모습이다.

호텔에 돌아오자마자 객실로 직행해서 침대에 눕는다.

얼마나 잤을까. 누군가가 방문을 노크하는 것 같은데 침대에서 일어나지지가 않아 도루 잠에 떨어졌다. 얼마 후 노크 소리가 다시 들려 바지를 주워 입고 문을 여니 가이드, 유리다. 오늘 바네사 생일이라 케이크를 사다놓고 파티를 열 계획이란다.

"쏘리! 난 지금 졸려죽겠거든."

눈도 제대로 뜨지 못한 채 양해를 구하고 다시 잠에 빠려든다. 깊은 잠에서 깨어나 보니 오후 아홉 시다. 오후 여섯 시 전에 호텔에 돌아왔을 테니 세 시간 가량 잠을 잔셈이다. 양치를 한 후 호텔 로비로 내려가 보니 아무도 보이질 않는다. 케이티가 컴퓨터에 혼자 앉아 인터넷을 하고 있었다. 별 일 없느냐고 궁금해 하니 모두 함께 저녁 먹고 돌아와 다들 객실로 돌아갔단다. 내일 아침에 여섯 시에 식사를 하고 여섯 시 반에 출발하기로 했단다.

현지 여행사에서 등산용으로 제공한 더플백은 5kg이 넘지 않도록 꾸려야 한단다. 아침에 출발하기 전에 호텔의 리셉션 데스크에서 저울로 달아보기로 했으니 넘치게 꾸려서

▲ 구름 걷힌 마추픽추 전경
▼ 3박4일 잉카 트레일의 장도에 오르면서 일행 모두와 함께 기념 촬영

는 안 될 거란다. 우리와 동반할 포터들의 부담을 줄여주기 위한 사전 조치란다. 이 정도의 정보면 잠을 자면서 놓친 것은 없는 셈이다.

 객실에 올라와 포터가 운반할 더플백과 내가 지고 갈 배낭을 챙겼다. 내일 휴게소 마켓에서 판초·모기약·화장지·물만 구입하면 3박 4일 잉카 트레일을 위한 준비는 완료되는 셈이다.

 다행히 여권 문제도 해결됐다고 유리가 알려주었고 체력과 건강만 허락해 주면 문제가 없을 것이다. 오후만 되면 계속 쏟아지는 잠과 약간의 몸살 기운, 그리고, 등반 초기의 숨 가쁨만 잘 관리하면 이번 여행에서 가장 어려운 코스가 될 3박4일의 잉카 트레일은 성공적일 것 같은 예감이다.

보는 이의 마음을 평안하게 해주는 친치엘로의 전경

8일차: 12월 24일

카미노 레알 트레킹

　본래의 잉카 트레일은 에콰도르의 수도인 키토에서부터 칠레의 수도 산티아고까지 남미 대륙을 종주하는 22,530km의 장대한 길을 의미한다. 잉카 사람들은 콜럼버스가 아메리카 신대륙을 발견하기 이전까지는 이 길을 이용하여 물자의 운송은 물론 군사 기밀 등의 우편물을 전달했다.

　16세기에 일단의 스페인 군대가 남미대륙을 점령하기 전까지 잉카 사람들은 수레나 말에 의존하지 않고 순전히 도보로만 이 먼 길을 다녔었다. 잉카 트레일은 해발 5천 미터에 이르는 안데스산맥의 고원을 연결하는 샛길과 소롯길로만 이루어져 있었기 때문에 잉카 사람들은 짐을 운반하기 위해서 기껏해야 라마를 이용한 게 전부였다.

　잉카 제국 당시 남미대륙에는 안데스산맥이 깊은 산중을 따라 조성된 5천2백 킬로미터의 카미노 레알 트레일과 해안을 따라 조성된 4천 킬로미터의 카미노 코스타 트레일을 중심으로 이 두 개의 트레

페루 57

▲ 친치엘로의 한 수도원 유적

▼ 친치엘로의 벽돌 울타리

일을 연결하는 여러 개의 잉카 트레일이 존재하고 있었다. 하지만 이 모든 길들은 모두 잉카제국의 수도였던 쿠스코를 반드시 거쳐 가게 되어 있었다. 이 중 가장 중요한 길은 에콰도르의 키토를 출발해서 쿠스코를 경유하여 아르헨티나의 투크만을 연결하는 5천2백km의 카미노 레알 트레일이었다.

그러나 오늘날의 남미를 여행하는 트렉커들에게 가장 인기 있는 코스는 쿠스코를 출발해서 마추픽추에 이르는 열 세 개의 트레일 코스로서 1박 2일부터 8박 9일까지 다양하게 운영되고 있다. 이 중에는 가이드가 반드시 동반해야 하는 트레일과 그렇지 않은 코스가 있는데 이들 트레일을 이용해 매년 수십만 명의 지구촌 여행자들이 잉카유적과 안데스산맥의 절경과 비경을 즐기기 위해 이곳을 찾고 있다.

여섯 시에 아침식사를 마치고 바로 호텔을 나선다. 시차가 아직도 적응되지 않아 새벽 두시에 깨어나서 짐을 챙기고 라면을 저녁 겸 아침으로 끓여 먹었다. 아침에 더플 백 무게를 5kg으로 제한해서 꾸리고 등산용 배낭도 챙겼다. 두 시간 정도 버스를 타고 세이크리드 밸리 입구의 슈퍼마켓에서 쇼핑을 한다. 판초 · 모기약 · 쵸콜릿등을 샀는데 화장지를 잊었다. 배낭에 랩탑 컴퓨터까지 챙긴 내 배낭이 일행 중 제일 크고 무거운 것 같다.

기차에서 내려 잉카 트레일을 시작하는 'Kilometre 82' 입구에서 일행 모두 함께 모여 단체 사진을 촬영한다. 기념사진 촬영 후 바

▲ 성당 안에서 내다본 친치엘로의 평화로운 풍경 ▼ 친치엘로 성당 내부 모습. 서양의 가톨릭이 현지 토속종교와 타협한 모습을 잘 보여주고 있다.

로 산행을 시작해 중간에서 차 한 잔 하기 위해 쉰 시간을 빼고는 점심이 준비되어 있는 캠프까지 간다. 포터들이 점심식사를 위해 천막을 쳐놓고 테이블과 스툴까지 준비해 놓았다. 또 다른 천막에서는 음식을 준비하고 있었다. 포터들이 식당과 주방 텐트를 각각 따로 친 것이다.

점심은 캠프사이트임에도 불구하고 정식으로 차려져 나왔다. 애피타이저, 메인디쉬와 디저트까지.

점심 후 약간의 시에스타[15]를 갖자고 해서 잔디 위에 잠시 누었는데 누가 흔들어 깨운다. 일어나 보니 대부분 산행을 시작 한 후라 일행들이 시야에서 사라진 모습이다, 그래도 화장실은 다녀와야 할 것 같아 잠시 들렀다 나왔더니 그새 아무도 보이지 않는다.

문제는 이때부터 생겼다. 가슴은 뻐근해 오는데 아무도 보이지 않고. 이러다 여기서 큰일당하는 건 아닌지. 겁이 덜컥 몰려온다. 당황스러움이 겹치면서 가슴이 더욱 뻐근해 오는 느낌이다.

15) 이탈리아, 그리스 등의 지중해 연안 국가와 라틴 아메리카 등지에서 이른 오후에 자는 낮잠 또는 낮잠 자는 시간

심장 혈관 주치의의 걱정과 만류에도 불구하고 남미 여행을 강행하겠다고 했을 때 주치의가 응급처치 용 글리세린을 처방해 주었었다. 그동안 약을 휴대해 가지고 다니면서도 한 번도 먹어보지 않은 글리세린을 먹어보기로 한다. 그런데 글리세린을 목구멍에 넘기자마자 신통하게도 가슴의 통증이 사라진다.

　'아! 인정하기 싫어해 왔지만 나는 결국 환자로구나! 앞으로 이 험준한 산행 길을 3박 4일이나 더 가야 하는데 이 일을 어쩐다!'

　글리세린 투약 덕택에 산행을 계속할 수 있었던 나는 중간 휴식 장소에 제일 꼴찌로 도착했다. 일행 모두는 이런 나를 바라보며 근심어린 표정을 감추지 못

수도원 안에서 판매되고 있는 민속 공예품 시장

흙벽돌과 돌로만 지어진 주택과 골목길의 따뜻한 모습이 향수를 불러일으킨다.

한다.

중간 휴식 장소에서 잠시 쉰 후 젖 먹던 힘을 다해 겨우겨우 저녁 캠프인 해발 3천 미터의 윤카침파Yuncachimpa에 도착했다.

오늘 트레킹은 비교적 쉬운 코스로서 걸어온 거리는 모두 13km이었는데 캠프 도착까지는 정말이지 혼신의 열정을 기울인 엄청나게 힘겨운 등반이었다. 2분 걷고 1분 쉬고를 반복하여 그야말로 천신만고 끝에 겨우 저녁 캠프에 도착한 것이다.

놀라운 건 캐나다에서 온 노인 요스(나중에 알고 보니 나보다 여섯 살이나 아래이긴 했지만)는 뒤쳐진 일행을 도와주겠다며 저녁캠프에 자신의 짐을 풀어놓고 되돌아온 모습이었다. 요스의 걸음걸이는 마치 평지를 걷는 것처럼 가벼운 모습이다. 자신은 어떤 험한 산행에도 힘들어 해본 적이 없는 특이 체질이라면서 내게도 다가와 배낭을 들어주겠단다.

'아무리 힘들지만 자존심이 있지! 나보다 뒤에 쳐진 여자 일행들도 모두 거절한 판인데 어찌 사나이인 내가 도움을 받을 수 있단 말인가!'

그러나 저녁 캠프사이트 10여 미터를 앞두고 결국 포터의 도움을 받아 겨우 도착할 수 있었다. 해발 3천 미터 이상의 고산 트레킹의 고통은 해본 사람이나 알 수 있을 것이다.

저녁캠프에서도 점심과 마찬가지로 먼저 도착한 포터들이 천막을 쳐놓고 지칠 대로 지친 일행을 위해 차와 스낵을 제공했다. 해발 3천 미터 고산의 캠프 치고는 딜럭스하다. 30분 후에는 애피타이저·메인 디쉬·디저트로 이어지는 정식 디너 코스로 식사를 했다. 그러나 잠이 주체할 수 없을 만큼 쏟아져와 밥도 먹을 수 없을 정도다.

▲ 세이크리드 밸리 계곡 안에 잘 들어앉은 마을 전경으로 콜로니얼과 현지 전통이 잘 어우러진 모습이다.

▼ 세이크리드 밸리 계단

9일차: 12월 25일

클래식 잉카 트레일

텐트 안에서 깨어나 보니 새벽 2시가 좀 지난 시간이다.

어제 저녁, 양치도 못하고 잠에 떨어졌기 때문에 화장실도 갈 겸, 양치를 하기 위해 어둠 속에서 세면가방을 더듬더듬 찾고 있는데 옆에서 자고 있던 이란계 미국 친구 개프가 짜증을 낸다. 할 수 없이 양치는 포기하고 소변 만 보고 다시 잠을 청한다.

새벽에 일찍 깨긴 했지만 그나마 시차가 처음으로 극복된 후의 단잠이다. 새벽 다섯 시에 역시 텐트 메이트란 친구가 코를 곤다고 또 깨우는 바람에 다시 일어났다.

그런데 이 녀석, 어지간히 잔소리가 많다. 틈만 나면 가르치려 들고. 본인은 늘 친절을 베푸는 것 같이 행동하고 있지만 내게는 몹시 번거롭기만 한 녀석이다. 그나저나 나의 코골이 습관에 대해서는 늘 룸메이트에게 변명의 여지가 없다. 그래서 난 싱글 룸이 주어질 때는 늘 적극적으로 챙기게 된다. 룸메이트를 번거롭게 하고 싶지 않아 몇 년 전 코골이 수술까지 받았었건만 이삼년 괜찮더니 도루아미 타불이다.

아침 이른 시간인 여섯 시에 아침밥을 마치고 두 번째 야영지인 파카이마요Pacaymayo까지 의 산행을 시작한다.

오늘의 트레일 코스는 해발 3천 3백 미터부터 4천 2백 미터까지의 11km 구간이다. 3박4일의 클래식 트레일 중 오늘 코스가 가장 험난한 코스란다. 어제의 고생 때문이기도 하거니와 가장 험난한 코스라고 하니 배낭을 대신 지고 갈 포터를 따로 고용한다. 그러나 오늘은 비가 많이 내리고 있는 탓도 있거니와 포터에게 배낭을 맡긴 탓으로 쉬지 않고 정상까지 간다. 포터까지 따로 고용했건만 고산 산행은 여전히 쉽지가 않다. 그래도 배낭을 메지 않은 탓인지 다른 일행보다 비교적 좋은 성적으로 올라간다.

죽을힘을 다해 올라간 해발 4천2백 미터의 와르민와누카 고개(일명, 죽은 여자의 고개Dead Woman's Pass) 정상에는 구름만 끼여 있고 바람이 심해 곧 바로 산을 내려온다. 내리막길은 오르막보다 숨이 가쁘지 않아 훨씬 쉽고 편하다. 그래서 점심이 준비되어 있는 캠프까지는 매우 좋은 성적으로 내려왔다.

그런데 포터 비용과 그 서비스가 웃긴다. 여자 둘의 짐은 반값이고 내 것은 온 값을 지불하는데 모두 한 포터가 짊어지고 가니 서비스는 같다. 그런데도 30달러라고 했다, 35달러라고 했다, 40달러라고 했다가 종잡을 수 없으니 알다가도 모를 일이다. 가이드의 중간착취가 심한 것 같은 짐작이다.

가이드 이 녀석, 겉으로는 젠틀해 보이는데 속은 구렁이가 몇 마리 들어앉아 있을 것 같다. 점심 캠프장에서 내가 랩탑 컴퓨터를 꺼내니 모두 놀라워한다. 설마 여기까지 랩탑을?!!

◀ 마추픽추를 배경으로 포즈를 취한 안드레아 쌍둥이 자매로 고산병으로 잉카 트레일에 동참하지 못하고 버스 편으로 마추픽추로 올라와 나중에 그곳에서 우리 팀에 합류했다.

2분 걷고 1분 쉬기를 반복한 체력에 컴퓨터를 챙겨 온 내 욕심도 어지간하다.

캐나다 친구, 요스Jos가 늙수그레하게 보여 우리 일행 중 나이가 가장 많은 줄 알았는데 나중에 알고 보니 내 나이가 가장 많다. 많이 늙어 보이는 것과는 달리 요스는 나보다 여섯 살이나 아래라고 한다!
서양 사람들의 나이는 가늠하기가 쉽지 않다. 더 놀라운 건 76세의 미국 할머니가 3박 4일의 잉카 트레일에 도전하고 있는 일이다. 걸음걸이도 나보다 훨씬 가벼운 모습이다. 그래서 나이를 조심스럽게 물었더니 76세란다. 그러면서 그녀는 "로마는 하루에 이루어 진 게 아니다Rome was not built in a day."라며 노익장을 과시한다. 산행 시작하면서부터 옆에 전속 포터가 따라 붙긴 했지만 대단한 할머니다.

페루 **67**

▲ 잉카 트레일을 시작하자마자 우리를 맞이한 계곡의 도도한 홍수

　이번 여행에 참가한 우리 일행은 모두 17명이다. 그 중 호주에서 온 쌍둥이 자매 중 하나는 산행 시작하기 전에 고산병으로 쓰러져 쿠스코의 한 병원에 입원 중이라 잉카 트레일에는 동참하지 못했다. 잉카 트레일에 오른 열여섯 명의 일행 중 하나가 오늘 오후 또 낙오했다. 이 친구 역시 호주에서 온 친구인데 일행과 잘 어울리질 않아 이름이나 직업은 아무도 모르는 눈치다. 첫날부터 산행을 몹시 힘들어 해서 인도계 여자 친구와 함께 늘 후미 그룹이었는데 오늘 점심을 먹을 때까지 캠프에 나타나지 않았다. 일행이 점심을 시작한 후 힘겨운 모습으로 뒤 따라 오긴 했는데 결국 일행과 합류하지 못하고 캠프에 남았다.

이렇듯 잉카 트레일은 인간의 한계와 체력을 시험하는 코스다.

오전 내내 심하게 내리던 비가 오후에는 다행히 그쳤다. 해발 4천 2백 미터의 와르민와누카 고개를 넘어 계곡에서 점심을 먹은 우리는 다시 산행을 계속한다. 산을 오르며 뒤를 돌아보니 해발 4천 2백 미터의 와르민와누카 고개가 까마득하게 뒤로 보인다. 날이 좋아졌기 때문에 사진도 찍었으면 좋으련만 내 배낭을 메고 있는 포터가 옆에 없어 카메라도 없다. 너무 지친 나머지 카메라까지 배낭 안에 꾸린 탓이다.

산을 내려오면서 생각을 곱씹을수록 포터의 하루 일당을 놓고 장난치고 있는 가이드의 노회함이 괘씸하다. 얼마가 적정 비용인지와 전달되는 돈 중 과연 얼마나 고생하고 있는 포터에게 전달되는지 궁금하기 짝이 없다.

그래서 저녁에 파카이마요 캠프에 도착해 가이드에게 내 의견을 말해줬다. "30, 35, 40달러로 비용이 왔다 갔다 했고 두 여자는 남자 배낭의 절반 만큼인 20달러씩만 지불해도 된다고 했지만 결국 한 포터가 모두 지고 가고 있으니 내 배낭과 뭐가 다르냐? 내일 모레 하산할 때까지 포터를 쓰는 경우 적절한 가격을 정확하게 얘기해 달라."

▲ 안데스의 장관을 배경으로 트레일 트레킹 중 잠시 포즈를 취하다

▲ 2인용의 잉카트레일 텐트 안에서 바라본 안개에 쌓인 캠프 사이트

그리고는 가지고 있던 소주 세 팩, 라면 3개. 그리고 믹스커피를 주면서 소주는 저녁에 일행과 함께 먹으라고 공개적으로 내놓고 라면과 커피는 알아서 하라고 살짝 챙겨 주었다. 그랬더니 라면은 포터들과 함께 먹고 커피는 자기가 챙기겠단다.

잉카 트레일 캠프 사이트 전경. 작은 텐트는 등산객용으로 2인 1조가 사용하고 대형 텐트는 식당용과 포터 숙소로 이동 중에 포터들이 모두 설치해 놓는다.

저녁에 잠자리에 들려고 개인용 텐트로 돌아오니 먼저 와 있던 개프가 자기 모자와 내의 하나를 공용텐트 안에 넣어주고 와 달란다. 이미 잠잘 준비가 되어있는 이 친구의 청탁을 거절할 수가 없어 공용 텐트로 올라갔더니 텐트 안에서 아직까지 카드놀이 하고 있던 하이디 등의 젊은 여자 일행들이 강력하게 반발한다.

"여기는 포터들이 잠을 자는 곳인데 어떻게 그런 걸 여기다 널 수 있느냐?"

아래의 개인용 텐트에서 이런 대화를 듣고 있던 개프가 불만을 제기한 하이디에게 "무엇이 문제가 되느냐"면서 맞받아치며 강하게 목소리를 높인다. 입장이 곤란해 진 나는 개프에게 직접 와서 해결하라고 하고는 그의 물건들을 텐트 앞에 놓아두고 내려와 버렸다.

'이 녀석 하는 짓이라니.'

남들이 모두 뒤에서 구시렁대며 싫어하는 줄도 모르고 미운 짓은 골라서 하고 있다.

'세상 사람들이 그렇게 어수룩하지 않다는 것을 알아야지.'

Tip: 잉카 트레일 코스와 트레킹 정보

　잉카 트레일을 보호하고 보존하기 위한 페루 정부 당국의 정책은 확고하다. 따라서 잉카 트레일 트레킹을 하고자 하는 트레커들은 포터와 쉐프를 포함하여 하루에 500명만 트레킹이 가능하다는 것을 숙지하고 있어야 한다.

　트레커들은 가이드의 동반 없이는 잉카 트레일이 불가능함으로 결국 잉카 트레일을 원하는 여행자들은 지정된 여행사와 트레일 코스를 이용할 수밖에 없다. 다음은 쿠스코의 한 여행사가 운영하고 있는 잉카 트레일 코스의 목록과 그 세부 일정을 보여주고 있다.

◆ 1박 2일 코스

　이 코스는 캠핑과 하이킹 없이 잉카 트레일의 묘미를 맛볼 수 있게 해 주는 일정이다. 시간이 여의치 않거나 건강상으로 정규 잉카 트레일이 불가능한 사람들에게 권장할 만한 코스이기도 하다. 이 트레일은 '104km 기차 정거장'에서 등반을 시작해 여섯 시간 만에 인티 푼크Inti Punku 즉 마추픽추를 내려다 볼 수 있는 태양의 문에 도착하는 코스다.

　해발 2,700여 미터의 태양의 문에 도착하면 해발 2,430m에 위치해 있는 '사라진 도시Lost City' 마추픽추를 향해 내려가게 된다. 캠핑 대신 편안한 호텔에서 1박 한 후 해 뜨는 새벽녘에 마추픽추의 고색창연한 유적을 감상하게 된다. 일정이 끝나면 기차를 이용해 쿠스코로 돌아온다.

이 코스는 보통의 체력을 가진 사람들이 참여할 수 있으며 해발 2,100미터에서 출발해 해발 2,700미터까지 올라갔다가 해발 2400여 미터의 마추픽추로 내려오는 코스다. 비록 이 코스가 '클래식 잉카 트레일'에 비해 낮은 고도에서 출발하여 고산병의 염려가 덜 하지만 '태양의 문'의 고도가 2,700미터에 달하기 때문에 건강에 문제가 있는 경우 너무 쉽게 도전해서는 안 된다. 따라서 이 트레일을 시작하기 전에 적절한 사전 준비운동이 필수적이고 가급적 의사의 조언을 받고 출발하는 게 좋다.

1박 2일 트레일 코스의 세부 정보

- 기간 : 1박 2일
- 시기 : 1월부터 12월까지(2월 제외)
- 거리 : 8km
- 숙박 장소: Aguas Calientes 의 롯지
- 산행시간 : 6~7시간
- 최저고도 : 2,400m
- 최고고도 : 2,700m
- 요금 : 단체인 경우 미화 635달러(가이드 비용은 참가 인원이 분담하여 별도부담)
 * 개별 등반은 1인 1,398달러, 2인 949달러, 3~6인 892달러, 7인 이상 799달러
- 기타 조건: 2인 이상이면 출발 가능하나 잉카 트레일 보존을 위한 페루 정부 당국의 정책 때문에 가이드, 포터, 요리사를 포함해 하루 500명만 입장이 가능하기 때문에 적어도 90일전에 예약해야 한다.
- 트레일 예약 조건: 출발일자·쿠스코 도착일자·여권 상의 이름(성·이름, ·미들 네임 모두 포함)·여권 번호·국적·생년월일·채식 등 식사조건·키·성(sex)·쿠스코 숙박 정보(숙소의 주소와 전화번호 반드시 기재)
- 일단 예약을 하면 환불이나 이름 변경, 여권번호 변경 등이 불가능함

◆ **3박 4일 코스**

가장 대표적인 트레일 코스로서 '클래식 잉카 트레일'과 같은 코스이다.

◆ **3박 4일 레어스Lares 트렉 코스**

이 코스는 클래식 잉카 트레일 코스의 예약이 꽉 차서 더 이상의 수용이 불가할 때 대체 코스로 제공된다.

코스 이름	기간
1박 2일 잉카 트레일Inca Trail 2 Days	1박 2일
잉카 트레일 1박 2일 (개인 가이드)Inca Trail Private 2 Days	1박 2일
잉카 트레일 3박 4일Inca Trail 4 Days	3박 4일
잉카 트레일 3박 4일 (개인 가이드)Inca Trail Private 4 Days	3박 4일
3박 4일 레어스 트렉 코스Lares Trek 4 Days	3박 4일
초케키라오 3박 4일 코스 Choquequirao "The Last Inca Outpost" 4 Days Trek	3박 4일
초케키라오 4박 5일 코스Choquequirao 5 Days Trek	4박 5일
잉카 트레일 4박 5일 코스 (개인 가이드) Choquequirao Private 5 Days Trek	4박 5일
살칸데이 4박 5일 코스Salkantay 5 days	4박 5일
살칸데이 6박 7일 코스 (개인 가이드) Salkantay Private 5 days	6박 7일
오상가트 트렉 6박 7일 코스Ausangate Trek 7 Days	6박 7일
초케키라오와 마추픽추 7박 8일 코스 Choquequirao and Machu Picchu 8 Days	7박 8일
초케키라오와 마추픽추 8박 9일 코스 Choquequirao and Machu Picchu 9 Days	8박 9일

☞ 잉카트레일 예약 안내 : http://incatrailreservations.com/

▲ 대형 텐트 안에서 식사 중인 일행

▼ 잉카트레일 가이드가 우리 일행에게 소개시킬 순서를 기다리기 위해 일렬로 앉아 기다리고 있는 포터들

페루 75

잉카트레일 중에 조우하게 되는 유적지

10일차: 12월 26일

잉카 트레일 캠프

 다른 날보다 늦은 시각인 여섯시 반 기상이다. 그러나 나는 5시 반쯤 깨어났다. 내가 뒤척이는 소리에 개프도 깨어나서 서로 인사를 하고 나는 침낭을 챙겼다. 그러나 캐프는 여섯시 반까지 더 자겠단다.

 그런데 옆 텐트의 여자 메리앤이 급한 목소리로 화장지 좀 있으면 챙겨달란다. 몹시 급한 사정인 모습이다. 내게는 화장지는 가진 것이 없고 티슈뿐인데 그나마 급하게 찾으려니 보이질 않는다. 이 소란 통에 잠을 좀 더 자겠다던 개프가 화장지를 챙겨 주느라고 일어나면서 좀 일찍 텐트 안의 침구를 정리하게 되었다.

 아침식사는 팬케이크·오트밀·토스트·계란말이 등이 나왔다. 산중의 식사치고는 매 끼니가 정말 훌륭하게 나온다. 아침에 보니 변호사 바네샤도 속이 안 좋은 모습이다. 가지고 있던 정로환을 나누어 주긴 했는데 의사가 처방해 준 지사제止瀉劑를 챙겨오지 못한 게 못내 아쉽다.

페루 77

▲ 텐트가 아닌 대피소 휴게소에서 식사 중인 일행

아침 식사를 마치고 떠날 준비를 하는 줄 알았는데 캠프사이트의 넓은 공간을 이용해 가이드가 포터들을 정렬해 앉혀 놓고 피리를 불고 있다. 포터들을 소개시키는 시간이다. 우리 일행을 위한 포터는 모두 21명이다. 대부분 농사꾼들인데 부업으로 포터를 한단다. 포터들은 차례로 돌아가며 자신의 자녀 숫자와 나이를 소개 했다. 덕분에 이들에게 우리 일행도 소개하는 순서를 갖게 되어 우리 일행이 누가 누구인지 비로소 알게 되었다. 대학생 둘, 변호사 하나, 선생 둘, 호주의 군인과 그의 여자 친구, 그리고 나다.

비교적 평탄한 산행을 네 시간 정도 하고 3박4일 잉카트레일 코스의 마지막 캠프사이트 위나이웨이나Winaywayna에 도착했다. 비는 여전히 오락가락하고 있다. 캠프장에 도착하여 다른 날과 달리 텐트가 아닌 산장 식당에서 점심을 먹는다.

산장 식당에서 점심을 먹으며 조앤과 나는 옆에 앉은 보조 가이드를 놓고 어떻게 해서 일본계인 후지모리가 페루의 대통령이 될 수 있었는지를 물었다. 그런데 이 친구 후지모리가 대통령이 된 이유를 어눌하지만 매우 논리정연하게 설명한다. 그래서 전공을 물었더니 관광을 공부했단다. 그것도 정규대학에서 5년 동안. 보조 가이드

텐트를 쳐 놓은 캠프 사이트의 또 다른 광경

는 주로 가이드를 돕는 역할을 하지만 잉카 트레일 내내 일행을 위해 무거운 산소통을 메고 다니고 있다. 조앤과 나는 이런 거 하지 말고 정치를 해서 앞으로 페루 대통령이 되라고 추겨 세운다. 그는 스물일곱의 젊은 나이임에도 불구하고 잉카 트레일을 70번이나 했단다.

알베르토 후지모리는 일본계 페루인으로서 대통령을 지냈다. 1989년 페루 대통령에 취임한 후 재정적자 해소와 인플레이션 억제에 중점을 두고 개혁에 미온적이던 국회와의 마찰을 빚은 의회를 해산하였다. 신헌법을 토대로 재선에 성공한 뒤 인플레이션을 안정시키는 한편 게릴라 조직을 진압함으로써 정치적 안정도 달성하였다. 그러나 대통령 3선을 허용하는 제도적 장치를 마련한 후 부정부패를 저지르며 3선에 성공하였으나 야당의원을 돈으로 매수하는 장면이 담긴 영상이 공개되면서 시위가 일어나 실각되면서 일본으로 도주하였다.

▲ 잉카 트레일 한 유적지를 배경으로 기념 촬영한 필자

점심에 모처럼 맥주 한 병도 시켜 먹었다, 5솔을 주면 식당에 부설되어 있는 샤워장에서 약식 샤워가 가능하다고 했지만 포기하고 텐트에 돌아와 산행 일기를 정리한 후 낮잠을 청한다. 텐트 메이트인 이란 친구 개프도 샤워를 끝내고 돌아와 옆에 눕는다. 그런데 이 친구 하는 짓이 사사건건 왜 이리 미운지 모르겠다. 미운 마음으로 잠이 들었는데 일어나 보니 저녁 약속시간인 6시 반이다. 옆에서 잠자던 개프는 어디론가 사라져 버리고 없다.

'저녁 먹으러 혼자 간 거겠지…'

식당으로 가보니 개프는 보이지 않고 캐나다 친구만 보여 물어 보니 밖에 홀로 앉아 있단다. 저녁은 환송 파티라기보다 포터들에게 팁을 주는 세리머니였다. 저녁은 뷔페식으로 준비되어 있다, 옆에 있던 뉴질랜드 친구들에게 수프를 챙겨주었더니 멀리 앉아있던 이란 친구 개프가 입 다물라는 시늉의 사인을 보내온다.

'내가 뭘 잘 못했나? 자기는 홀대하면서 다른 친구들을 챙겨주는

것에 대한 시기심이 발동한 게 아닐까?'

 옆에서 식사 중인 캐나다 친구 요스와는 본인이 캐나다에서 생업으로 하고 있다는 온실 재배 얘기와 취미로 하고 있는 등반 등의 얘기를 나눈다.

 평생 동안 온실 농사로 오이를 재배를 해왔는데 몇 년 전에 본인 소유의 농장으로 쇼핑몰이 들어오게 되어 좋은 값에 처분하고 대신 틈틈이 근처 친구의 일을 거들며 주로 여행을 다닌단다. 그래서 그런지 잉카 트레일에서 최고의 실력을 과시했었다.

 내년에는 일행과의 일정 때문에 이번에 오르지 못한 마추픽추의 최고봉인 와이나픽추를 등산하러 다시 오겠단다. 대단한 체력이다. 32년의 결혼 생활 후 자녀를 갖는 문제로 최근 부인과 이혼했단다. 다행인지 불행인지 아이는 없단다. 그 동안 여행한 사진을 모아 사진집을 낼 계획인데 나도 여행기를 써볼 계획이라고 하니 내게도 사진을 제공해 주겠단다.

 '잉카 트레일에 관해 잘 알지 못하고 있는 우리나라 사람들을 위해 잉카 트레일을 제대로 소개하는 여행기를 꼭 준비해봐야겠다.'

 잉카 트레일의 마지막 밤은 파티 분위기다. 해발 4천 미터의 3박 4일 잉카 트레일을 무사히 마친 성취감 때문이겠지. 뒤쳐진 커플이 저녁에 조인했다. 다행이다.

 저녁 식사 후 가이드에게 어제의 포터 비용으로 35달러를 지불했다. 20달러만 주어도 될 것 같은데 말이다. 이 노회한 가이드 친구, 참으로 못 마땅하다. 저녁이 끝나자 포커 판이 벌어진다. 할 일 없는 나는 텐트로 돌아온다.

'내일은 새벽 4시부터 움직여야 한다. 간단히 짐을 챙겨놓고 잠을 자야겠다.'

내일은 운이 좋아야 마추픽추를 잘 볼 수 있단다. 마추픽추에는 늘 구름이 끼기 때문이란다. 마추픽추에서 내려가면 3박 4일의 트레일의 피로를 씻어낼 수 있는 뜨거운 물의 스파도 준비되어 있다고 한다. 그리고 다시 기차 편으로 쿠스코로 돌아갈 예정이다.

잉카 트레일 한 유적지 한구석의 모습

11일차: 12월 27일

'사라진 도시' 마추픽추

그러고 보니 크리스마스가 얼떨결에 지나갔다. 4천 2백 고지를 넘을 때 메리앤이 "미저러블 크리스마스miserable Christmas!"라고 했던 기억이 난다.

서양 아이들한테 크리스마스가 어떤 의미인지를 잘 알려주는 대목이다. "크리스마스는 가족과 함께!"가 서양문화 아니던가. 그래서 로스앤젤리스에서 스탠바이 티켓으로 엄청나게 고생만 하고 비행기를 못 탔지. 설과 추석에 겪는 우리 민족의 대이동 정도라고 얘기하면 좀 과장이겠지만 아무튼 대이동이었지.

그렇다면 이 서양친구들은 다 뭐란 말인가. 가족과 함께 하는 크리스마스를 마다하고 이곳에 몰려오다니. 그렇다. 가족이 없거나 결손가정들이다. 이건 나중에 다시 얘기하기로 하자.

오늘은 새벽 4시부터 움직였다. 밤에는 개프, 이 친구가 코를 곤다고 나에게 "미스터 박! 턴 어라운드"를 수도 없이 외쳐 대는 바람에 잠을 설쳤다. 그래서 나도 설욕을 하고 싶어 지난밤까지만 해도 이

페루 83

친구가 아무리 코를 골아도 깨우지 않았지만 나도 이 친구가 조금만 코를 골아도 깨웠다.

잉카 트레일을 계속하기 전 동이 트기 전에 안데스 운무의 장관 앞에 선 일행들

아침에 일어나서는 제 플래쉬 라이트를 놓아두고 내 것을 빌려 달란다. 내 헤드라이트를 천정에 부쳐 놓고 일을 하잔다. 참으로 이기적인 녀석이다. 식사 때는 이것저것 구걸하는 모습을 보여 구차스럽기 조차하다.

잉카 트레일의 마지막 캠프 사이트에서 '사라진 도시' 마추픽추로 향하는 마지막 날 여정의 이른 아침인데도 아름다운 구름들이 몰려와 있다.

그러나 구름이 끼어 있어 좋은 경치를 다 놓친다. 이래서 잉카 트레일은 겨울시즌에 해야 한다고 말한다.

잉카 트레일의 최적기는 남반구의 겨울이자 건기인 5월에서 11월까지다. 매년 2월은 홍수 그리고 공해로 인한 부식 방지와 유지 보수를 위해 폐쇄된다. 잉카 트레일은 해발 3천 미터에서 4천 미터까지의 산행이기 때문에 산행을 시작하기 전에 보통 쿠스코에서 2~3일의 적응 기간을 갖은 후 올라야 한다. 이제 한 시간 정도만 더 가면 마추픽추에 닿을 수 있다고 한다.

잉카 트레일은 잉카문화와 유적, 안데스의 대자연 그리고 모험을 동시에 즐길 수 있는 환상의 산행이다. 잉카 트레일의 최종 목적지인 마추픽추는 쿠스코의 북서쪽 우루밤바 계곡에 있는 잉카 유적으로 해발 2,430m에 위치해 아름다운 절경을 자랑하는 잉카 제국 유산의 꽃이라고 할 수 있다. 깎아지른 절벽과 하늘을 찌를 것 같은 봉우리로 둘러싸인 마추픽추는 현지어로 오래된 산봉우리라는 의미인데 산 아래에서는 그 모습을 볼 수 없어 공중의 도시라고도 불린다.

마추픽추에 관한 여러 별명만큼이나 마추픽추에 관한 전설도 많다. 잉카인들이 스페인 군인들의 공격을 피해 산속 깊숙이 세운 것이라고도 하고, 군사를 훈련해서 후일 스페인에 복수하기 위해 건설한 비밀도시라는 설도 있다. 또한 홍수를 피해 고지대에 만든 피난용 도시라는 주장도 있다. 마추픽추의 총 면적은 5평방킬로미터로 그 절반은 비탈진 계단식 밭이다.

우리 눈앞에 구름 걷히듯 불현 듯 나타나는 마추픽추는 도시 구성 역시 미스터리로 가득 차 있다. 2백 톤이 넘는 거석, 정교한 다면체로 쌓아올린 태양의 신전 등은 고대 잉카인들의 건축으로 전해지고 있는데 지금의 건축 기술로 견주어 봐도 손색이 없는 건축기술을 보여주고 있는 것이라고 한다.

고대 잉카인들은 천문에도 매우 밝았던 것으로 보인다. 마추픽추 꼭대기에는 태양을 잇는 기둥이라는 의미의 인티파타나라는 제례용 조형물이 있다. 잉카인들은 천체의 궤도가 바뀌면 커다란 재앙이 생긴다고 믿고 매년 동지 때 이 돌기둥 위에 뜬 태양을 붙잡아 매려고 돌기

일행 중의 한 명이 필자를 위해 찰칵! 필자 뒤로 펼쳐진 운무가 장관이다.

둥에 끈을 매는 의식을 치렀다고 하는 전설이 전해진다. 그러나 일부 학자들은 이 기둥의 그림자가 시각을 나타내는 해시계였을 것이라는 주장을 하고 있다.

16세기 후반 잉카 사람들은 무슨 이유에서인지 문명이 고도로 발달했던 이곳을 버리고 더 깊숙한 오지로 떠났다고 한다. 그 후 4백여 년 동안 이 도시가 세상에 알려지지 않았기 때문에 사라진 도시로 불리다가 1911년 미국 예일 대학의 고고학자 하이람 빙엄에 의해 발견된 후 페루 최대의 관광지가 되었다.

마추픽추는 UNESCO가 지정한 세계문화유산이자 최근 그 지정 과정과 지정 기관의 신뢰도 때문에 논란이 되고 있는 세계 신 7대 불가사의의 하나로 불리기도 한다.

어쨌거나 우리 일행은 예고된 대로 한 시간 만에 인티 푼쿠 일명

한 폭의 수채화가 따로 없는 안데스의 비경

◀ 바위를 배경으로 마추 파파(늙은 아버지)인 필자와 마추 맘마(늙은 엄마)인 생물교사 조앤이 함께 했다. ▶ 마추픽추를 배경으로 기념 촬영 한 3박 4일 동고동락 한 일행

 선 게이트Sun Gate에 도착했다. 마추픽추를 가장 잘 볼 수 있는 장소라고 하지만 안개와 구름이 끼어 있어 마추픽추를 내려다보는 장관을 볼 수가 없다. 일행의 젊은 친구들한테 다시 와야 할 것 같다고 했더니 고개를 절레절레 흔든다.

 1990년대 후반 금강산 관광이 우리에게 처음 열렸을 때 어렵사리 금강산에 갔더니 상팔담과 만물상 등이 안개에 가려 못 보았던 기억이 난다. 그때 금강산 길 여기저기서 경비 보던 북한 사람들에게 덕이 없어 못보고 간다고 했더니 한 번 더 오라는 뜻이라고 유머러스하게 맞받아치던 기억이 난다.

 그러나 이곳 잉카 트레일에 또 온다는 것은 시간, 거리, 나이, 비용, 건강이 다 받쳐주어야 할 터이니 내겐 어려운 일일 터이다.

▲ 마추픽추를 위에서 아래로 내려다 본 모습

▼ 안개와 구름이 걷힌 뒤의 마추픽추의 장관

구름이 자욱한 마추픽추를 뒤로하고 선 게이트를 내려선다. 비록 잉카 트레일은 못했지만 마추픽추 푸에블로machu picchu pueblo 마을에서 거꾸로 올라온 사람들이 우리 일행과는 반대로 선 게이트를 향해 올라오고 있다. 이들이 선 게이트에 올라가 있을 때는 구름이 걷히려나. 마추픽추까지 내려와 국립공원 출구 밖에 있는 화장실에 들렀다가 다시 입장하니 그제야 햇볕이 참 좋다. 비로소 마추픽추를 제대로 구경한다.

마추픽추 구경을 다 마치고 2천4백 고지에 있는 마추픽추를 뒤로하고 버스로 마추픽추 푸에블로로 내려온다. 한 식당에 배낭을 맡기고 걸어서 15분 정도 거리의 온천으로 직행한다.
노천인 이 온천은 3박 4일의 피로를 풀기에는 최고의 입지와 조건을 가지고 있다. 입장료 10솔sol에 짐 맡기는데 1솔sol로 비용도 저렴하다. 이런 온천이 인근에 있다는 것은 3박4일의 잉카 트레일의 피로를 씻어내기에는 최고의 보상인데도 온천은 나 혼자 만 다녀왔다.
'서양 친구들은 온천을 별로 좋아하지 않거나 온천을 즐기기에는 아직 젊은 게지.'
어쨌거나 3박 4일의 잉카 트레일은 이렇게 대단원의 막을 내린다. 시작할 때 걱정과는 달리 성취감으로 뿌듯하다. 이제 2시 25분 기차를 타고 쿠스코로 돌아가 오늘과 내일 잘 쉴 일만 남았다.
'아! 기분이 참 좋구나!'
쿠스코 행 기차를 탔다. 쿠스코에서 오는 기차는 매 한 시간 마다 운행되고 있어 잉카 트레일을 하지 않는 여행자들의 마추픽추 관람

편의를 제공하고 있다. 옆자리엔 변호사인 바네샤가 앉았다. 그래서 변호사가 된 얘기, 그리고 지금은 도시계획전문가로 일하는 얘기, 이 투어에 오기 직전에 크루즈로 남극을 여행한 얘기, 우크라이나에서 호주로 이민 오게 된 얘기 등을 들었다.

남미를 5대양 6대주의 마지막 여행지로 알았더니 서양 사람들은 남극도 대륙으로 친단다. 그렇다면 5대양 6대주가 아니라 7대주인 셈이니 갈 곳이 하나 더 늘은 셈이다. 이 일행 중의 일부도 남극까지 간다고 한다. 아르헨티나의 우슈아이아에서 남극 여행을 시작한다는데 남극 대륙 여행을 위해 남미에 다시 한 번 와야 할 것 같다.

바네샤는 '82km 지점'에서 잉카트레일을 시작하기 전에 기념으로 찍은 우리 일행 모두의 단체 사진을 가지고 있었는데 내가 온천 간 사이에 짐을 맡겨 두었던 식당에서 산 것이라고 했다. 잉카 트레일 시작 전에 기념사진 촬영 때 전문 사진사가 촬영한 사진이다. 사진이 좋아 나도 한 장 사고 싶어 가이드 유리에게 구입 가능성을 물

마추피추의 웅장한 성벽

잉카트레일 마추픽추 일대 장관

었으나 이미 기차를 탄 상황이라 어찌할 수가 없다고. 대신 바네샤가 사진을 스캐닝해서 보내주겠다고 했지만 사진은 그 후 여행에서 돌아와서도 결국 내게 전달되지 않았다.

　마추픽추 푸에블로에서 출발한 기차를 오리엔트 밤바에서 내려 버스로 갈아탄 후 쿠스코로 돌아온다. 마침 날씨가 좋아 돌아오는 길의 만년설로 뒤덮인 산들이 오늘은 선명하게 보인다. 신령스럽다. 그러나 피로와 고산병이 겹쳐 그런지 이내 잠에 떨어졌다. 쿠스코 호텔에 들어와 짐을 정리하여 세탁을 맡긴 후 라면 끓여 먹고 다시 깊은 잠에 떨어진다.

마추픽추에서 내려다 본 우르밤바 계곡의 장관. 계곡 끝으로 강이 도도하게 흐르고 있다.

뉴 세븐 원더스의 7대 자연경관 지정 스캔들

신 7대 불가사의로 지정돼 있다는 마추픽추까지 왔으니 이쯤 해서 7개 불가사의에 관한 여러 가지 논란을 정리해 보는 것도 흥미로울 것 같다.

흔히 7개 불가사의라 함은 고대 그리스인들이 정한 것부터 최근 우리나라 제주도가 포함되는 과정에서 논란을 빚었던 세계 7개 자연경관까지 시대와 주제에 따라 다양한 건축물과 자연환경이 회자되고 있다.

지정기관과 지정과정의 논란에도 불구하고 7대 불가사의로 회자되는 게 일반인의 이목을 모으는 이유는 이러한 결과에 의해 여행 선호도의 우선순위가 정해질 수 있기 때문이다.

7개 불가사의 지정과 관련해서는 그동안 국내외의 논란이 끊임없이 이어져 왔는데 그 중 대표적인 기사를 각각 선정해서 차례로 소개하는 것으로 독자들의 이해를 돕고자 한다.

마추픽추의 성벽. 벽돌을 지그재그로 쌓은 모습이 우리 성벽의 공사 기법과 흡사하다.

우선 해외기사로 뉴스위크의 칼라 자브로도브키 기자가 자신의 여행체험을 토대로 쓴 기사이다. 자브로도브키 기자는 7대 불가사의 지정에 대해 "인터넷에 넘쳐나는 각종 콘테스트에서 제멋대로 선정한 것이기 때문에 공신력을 잃은 공허한 타이틀"이라고 폄하하고 있다. 이는 우리나라 제주도가 7대 세계자연경관으로 선정될 당시 제주도의 공무원들을 동원하면서 수백억 원의 예산을 전화비로 낭비한 것과도 일맥상통한다.

뉴스위크 기사와 같은 맥락으로 우리나라의 월간지 신동아 역시 "제주의 세계 7대 자연경관 선정 문제가 점입가경이다."라는 제목으로 다음과 같은 요지의 기사를 게재한 적이 있다.[16]

16) 정 현상 기자, 제주 세계 7대 자연경관 선정 미스터리, 월간 신동아 2012년 1월호

제주 세계7대자연경관 선정 범국민추진위원회와 제주도의 막대한 홍보 덕분에 많은 국민은 제주도가 세계 7대 자연경관으로 최종 선정된 것으로 알았다. 유치 위원장, 문화체육부 장관, 제주지사, 범국민추진위원회 사무총장을 비롯해 1,500여 명이 제주아트센터에서 제주가 7대 자연경관에 선정됐다는 발표를 듣고 환호했을 때는 올림픽 개최지를 또 하나 갖게 된 것 같은 흥분이 제주도를 중심으로 퍼져나갔다.

그러나 그런 흥분보다는 선정 주체인 뉴세븐원더스N7W재단과 선정 뒤의 경제효과 등에 대한 의구심이 더 빠르게 확산되고 있다. 우리나라 등 당사국만 선정 자체를 호의적으로 받아들이고 있을 뿐 여타 나라에선 거의 관심이 없다.

더욱이 최근 들어 이 캠페인이 상업성에 치우쳐 있다는 분석 기사들이 보도되고 있다. 영국 데일리메일 인터넷 뉴스는 "관광 당

잉카트레일 도중에 마주치는 잉카 유적

3박4일 잉카트레일 강행군의 피로를 풀어주는 스파

국 관리들 과도한 돈 요구로 세계 7대 자연경관New Seven Wonders of Nature 캠페인 비난" 제하의 기사에서 "덜 알려졌던 제주 또한 성공하다"는 설명이 붙은 제주 성산 일출 사진을 내보냈다. 이런 보도가 제주도의 이미지를 높이는 데 기여할까. 호주 유력 일간지 시드니 모닝 헤럴드는 '환경보호에 기여하기 위한 것으로 홍보가 된, 세계에서 가장 인기 있는 자연경관을 찾기 위한 캠페인이 N7W재단의 '돈벌이 수단'에 불과한 것으로 공격받아왔다'라고 보도했다.

이 행사가 민간에 의해 주도되고 민간의 잔치에 그쳤다면 문제 제기 자체가 큰 의미가 없을 수 있다. 그러나 이 행사에 혈세가 쓰였고, 수많은 공공인력이 동원됐다.

문화관광부는 7대 자연경관 선정과 관련해 10억 원의 홍보비를 지출했다. 제주도는 4억 원을 범국민추진위원회에 지원했으며, 기타 명목으로 15억 원을 쓴 것으로 파악됐다.

제주도의 수많은 공공인력이 동원돼 약 1억~2억 통의 행정전화(전화비 180억~360억 원대)가 사용됐으며, 중앙부처의 지원활동도 전개됐다.

국회는 지지 결의안을 만장일치로 채택했고, 이명박 대통령 부부가 앞장서 국민의 투표를 독려했으며, 초등학생들까지 동원됐다. 따라서 애국심을 자극해 상업적 이득을 노린 '국제적 사기꾼'에게 한국이 당한 것 아니냐는 의구심이 있는 것이 사실이다.

이번에 선정된 7대 자연경관은 제주를 포함해 아르헨티나 이과수 폭포, 인도네시아 코모도섬, 남아프리카공화국 테이블 마운틴, 베트남 하롱베이, 필리핀 푸에르토 프린세사 지하 강, 브라질 아마존 강 등이다.

N7W 재단은 스위스 출신의 캐나다인 버나드 웨버가 만들었으며, 비영리기구를 표방하고 있다. 재단은 본부를 스위스 취리히 하이디 웨버 사립 박물관에 두고 있다고 밝히고 있다. 버나드 웨버는 '자칭' 영화제작자이며, 여행가·마케팅 전문가로 알려져 있고, N7W 캠페인을 시작하기 전에 무엇을 했는지에 대해선 거의 알려진 게 없다.

N7W 재단의 설립 목적은 '우리의 유산은 우리의 미래'라는 모토 아래 세계의 유적들을 관리, 보존하는 것이라고 돼 있다. 양 원찬 범국민추진위원회 사무총장은 이 재단이 국제올림픽위원회IOC나 국제적십자사와 같은 비영리재단이라고 주장해왔다.

그러나 N7W는 비영리재단을 표방하면서도 집요하게 자본의 이익을 추구하고 있어 IOC나 국제적십자사 등과 차별된다. 주한 스위

마추픽추 마을을 관통하고 있는 기찻길. 쿠스코에서 마추픽추를 오려면 이 기찻길을 이용해야 한다.

▲ 마추픽추 마을 기차역. 쿠스코에서 마추픽추까지 당일치기 여행자들이 이용하는 기차역이다. ▼ 잉카트레일 트레킹과 마추픽추 관광을 마친 여행자들이 쿠스코로 돌아가는 기차를 타기 위해 줄을 서서 기다리고 있다.

98 남미 종단 잉카 트레킹, 파이팅

스대사관의 한 고위급 외교관도 N7W의 존재 자체를 모르고 있다.

N7W는 자신들의 상업적 활동을 뒷받침하는 회사로 뉴 오픈 월드 코퍼레이션NOWC을 내세우고 있는데, 이 회사 대표는 바로 재단의 대표인 버나드 웨버다. 이 회사의 등록 주소지는 조세피난처가 있는 파나마다. 이 재단에서 하는 사업에 참가하면 이후 모든 진행은 NOWC와 협의 하에 진행된다. NOWC는 세계 7대 자연경관 28개 후보지의 공식후원회Official Supporting Committee · OSC뿐 아니라 국내의 현대기아차와 KT 같은 개별 기업과의 업무협약을 통해 돈을 벌었다. NOWC는 각국 OSC 등이 계약을 충실히 이행하지 않을 경우 투표 결과에는 상관없이 선정지의 자격을 박탈할 수 있는 독점적 권한도 갖고 있다.

버나드 웨버는 2000년 신 7대 불가사의 캠페인을 시작할 때만 해도 언론으로부터 신선하다는 반응을 얻기도 했다. '고대 7대 불가사의(이집트 피라미드 · 바빌론 공중정원 · 로도스섬 크로이소스 거상 · 올림피아 제우스 신상 · 에페수스 아르테미스 신전 · 핼리카르나소스 마우솔루스 왕묘 · 알렉산드리아 파로스 등대)'는 한 사람(BC 2세기 비잔틴 수학자 필론이 자신의 책 '세계의 7대 경관'에서 언급)이 선정한 것이다.

하지만 웨버는 다수가 선정하는 불가사의가 필요하다고 주장했다. 7년간의 투표를 통해 2007년 7월7일 포르투갈 리스본에서 성대한 인증식을 치르면서 웨버는 멕시코 치첸이트사 · 이탈리아 콜로세움 · 브라질 예수상 · 인도 타지마할 · 중국 만리장성 · 페루 마추픽추 · 요르단 페트라를 신 7대 불가사의로 선언했다.

물론 고대 7대 불가사의 가운데 거의 유일하게 그 비밀이 풀리지 않은 피라미드가 신 7대 불가사의에 들지 않은 것에 대해 논란이 일자 웨버는 뒤늦게 피라미드에 '명예' 타이틀을 준 해프닝도 있었다.

세계 7대 자연경관 참가 신청비는 199달러였다. 그러나 이것은 미끼에 불과했다. 세계 각국이 경제위기를 겪으면서 관광 산업을 진흥시키기 위해 노력하고 있다는 점을 악용해 N7W는 여러 가지 '꼼수'를 시도했다는 것이 28개 후보지에 속했던 몰디브와 인도네시아 사례가 입증하고 있다.

마추픽추 마을의 정겨운 모습. 쿠스코에서 기차를 타고오면 이 마을에서부터 마추픽추에 오르게 된다

N7W는 몰디브에 '월드투어' 명목으로 85만 달러를, 조그마한 몰디브 항공사에 N7W 로고를 부착하는 명목으로 100만 달러를, 그리고 한 전화회사에는 업무협약의 대가로 국민 1인당 약 3달러에 해당하는 100만 달러를 요구한 것으로 알려졌다. 이런 내용들은 처음 참가 신청서에는 포함되지 않았던 것이라고 몰디브 정부는 밝혔다. 결국 더 이상 끌려 다닐 수 없다고 판단한 몰디브 정부는 7대 자연경관 캠페인에서 철회하기로 결정하고 N7W의 비상식적 행동들을 폭로했다.

인도네시아와 N7W의 갈등도 흥미롭다. N7W는 인도네시아 관광 당국에 허가비로 1000만 달러와 인증식을 개최하는 데 드는 비용 3,500만 달러를 요구했다. 자카르타 포스트는 인도네시아 관광장관 제로 와칙의 말을 인용해 "2010년 12월29일 영리 담당 회사 NOWC가 1,000만 달러의 허가비를 내지 않으면 코모도섬을 제외시키겠다는 편지를 보냈다"고 보도했다. 이에 인도네시아 정부는 그런 협박에 굴하지 않고 버나드 웨버와 그의 재단을 고소하겠다고 나섰다. 이후 어찌된 일인지 결국 N7W는 꼬리를 내렸고 코모도섬은 7대 자연경관에 뽑혔다.

이 모든 의심을 버리고 기왕에 선정된 이상 홍보 효과만 극대화하면 된다는 주장도 적지 않다. 투표 홍보 과정에서, 또 최종 7대 자연경관에 선정될 경우 제주의 이미지가 국내외에 널리 알려질 수 있는 기회라는 것이다.

세계적인 명성을 가지고 있는 마케팅학자인 필립 코틀러 교수가 언급한 N7W의 마케팅 효과는 과연 신뢰할 만한 것일까. 코틀러 교수가 미국 노스 웨스턴 대학의 석학이라는 무게감 때문에, 그리고 N7W의 마케팅 효과를 언급한 그와 게리 암스트롱의 공동저술인 '마케팅 입문'이 대학의 교과서로 쓰이고 있다는 점 때문에 그 내용을 제대로 들여다보지 않은 사람이 많다.

그의 책 가운데 N7W가 언급된 부분을 보니 코틀러 교수 등 저자들이 인용한 통계가 대부분 N7W가 제시한 자료에 기대고 있었다. 이 책의 한 부분을 보자.

"페트라에 투표해서 신 7대 불가사의에 선정되게 하자는 이 캠페인의 경제적 효과는 크다. 요르단 타임스에 따르면 이 나라 관광수익이 1,340만 달러의 수익을 창출한 2007년 페트라 관광객이 62%나 늘어났다. 요르단 국내 항공은 44년 역사에 비행기 탑승객이 최고치를 기록했다고 보고했다. 이런 효과는 신 7대 불가사의에 선정된 지역에 모두 분명하게 나타나는 현상인데, 페루의 마추픽추는 관광객이 70%나 늘어나는 효과를 보았다. 신 7대 불가사의의 전 세계적 경제효과는 관광, 경제, 홍보, 국가 브랜드 제고 등의 측면에서 50억 달러 이상으로 추정 된다."

페루 국립문화부의 자료I.N.C. Cusco에 따르면 마추픽추의 경우 1990년대 초반 이후 관광객이 매년 10~15% 증가하는 것으로 파악된다. 2007년 7월 7일 신 7대 불가사의에 선정된 뒤 이듬해인 2008년 관광객이 12% 증가했다가 2009, 2010년에는 오히려 2006년 수준으로 떨어졌다. 70% 관광객 증가 효과의 근거가 불분명하다. 페트라의 관광객 62% 증가 효과는 위에서 언급했듯 2004년 112% 증가와의 관계 속에서 설명돼야 할 것이다.

여기서 중요한 것은 제주도의 세계 7대 자연경관 선정 주체인 N7W가 마추픽추를 신7대 불가사의의 하나로 선정한 바로 그 기관이라는 것이다.

12일차: 12월 28일

쿠스코의 이별 파티

　아침엔 호텔에서 인터넷이 되어 그동안 e메일에 잔뜩 쌓여있던 밀린 일들을 모두 처리했다. 아침 식사 후 요스·조앤 그리고 바네샤 등과 한 팀이 되어 쿠스코 시내를 모처럼 여유롭게 나들이한다.
　시내 산책을 하며 점잖은 요스와 조앤도 개프를 반은 걱정, 반은 조롱하는 얘기들을 하고 있다. 없는 사람 도마에 올려놓고 이런 저런 흉을 보는 것은 어딜 가나 늘 있는 일이다. 사람 사는 세상이 어쩌면 이다지도 다르지 않단 말인가.
　바네샤 등의 젊은 여자 일행은 마사지를 받겠다고 우리의 찜질방 같은 곳으로 들어가고 나는 요스·조앤과 함께 시내를 돌며 환전하는 일과 배낭 구입도 도와주고 우편엽서를 부치겠다고 해서 우체국도 같이 방문하면서 모처럼의 여유를 만끽한다.
　쿠스코 시내 산책을 마치고 호텔로 돌아와 짐을 정리한 후 요스와 함께 점심을 위해 다시 외출 나간다. 호텔 가까이에 있는 카페에서 샌드위치 시켜 놓고 요스의 신상 얘기와 에콰도르 여행 얘기를 들

페루 **103**

▲ 기니피그 바비큐 요리
▼ 바비큐 접시를 놓고 파안대소하고 있는 필자

었다. 요스는 소년 시절에 네덜란드에서 캐나다로 이민을 왔다고 했다.

나는 리마에서 일행과 합류한 경우지만 요스는 에콰도르에서부터 여행을 계속해온 그룹 중의 한 명이다. 잉카트레일 중 설사를 한다고 해서 정로환을 두 번 챙겨주었더니 그 고마움의 표시로 점심을 냈다.

호텔에 돌아오니 쌍둥이 자매가 조앤과 함께 울상이다. 쌍둥이 자매 중의 하나인 안드레아가 결국 고도를 견디지 못하고 칠레로 가서 일정을 마쳐야하기 때문이란다. 볼리비아는 평균 고도가 더 높다는 데 걱정이다. 잘 견뎌내야 할 텐데. 저녁은 모두 같이 먹기로 했다. 기니피그라는 특별 메뉴로.

크기 20~50cm, 몸무게 약

1kg 내외의 기니피그는 가축화된 반려동물로서 남미가 원산지이다. 털색은 흰색·검정색·주홍색·황색이나 갈색으로 다양하며 여러 색이 섞여있는 경우도 있다. 주로 실험용으로 사육되나 남미에서는 식용으로 인기가 많은 동물이다.

 오후에는 사진도 정리하고 그동안 못했던 인터넷도 싫증이 나도록 한 후 여섯시가 다되어 잉카 트레일로 더렵혀진 세탁물을 찾아다가 푸노로 갈 준비를 위한 짐을 챙겼다. 여섯시가 되니 저녁을 먹으러 가기 위해 일행이 다 모였다.

 쿠스코 시내는 참 편리하다. 웬만한 곳은 모두 걸어서 갈수 있다. 그래서 쿠스코의 메인 스트리트는 벌써 몇 번째 왕래를 해 웬만한 곳은 다 알 수 있을 정도다. 저녁 식사도 같은 메인 스트리트를 걸어 올라가 한 식당에 갔다. 이 곳은 가이드, 유리가 이미 예약을 해놓은 곳인데 새끼 돼지, 기니피그 요리를 맛볼 수 있는 곳이다. 일행은 애피타이저로 기니피그 한 마릴 시켜 놓고 온갖 포즈를 취한 후 기념사진을 찍는다.

 우리 일행은 모두 17명이지만 엄격히 얘기하면 세 그룹으로 나뉘어져 있다. 그 중에 가장 연대감이 높은 그룹은 에콰도르부터 같이 출발한 그룹이다. 벌써 열흘 이상을 같이 여행한데다 모두 싱글이어서 연대감이 무척 높다.

 그런데 그 중에 쌍둥이 자매 두 명이 고산병을 견디지 못하고 내일 칠레로 내려간다고 하니 오늘 저녁은 그들을 위한 송별만찬인 셈이다. 그래서 이 그룹들은 어느 정도 취기가 오르자 모두 일어나 같이 사진도 찍고 특히 나이가 가장 많은 요스를 중심으로 어깨동무도 했다가 무릎에 앉았다가 온갖 포즈로 난리법석을 피운다. 식당엔 다른 손님들도 많았지만 이들의 분위기를 억제할 순 없었다. 나머지 그룹은 커플그룹과 리마에서 새로 조인한 싱글그룹이다.

나는 아보카도[17] 중심의 샐러드로 간단하게 식사를 하려고 했는데 옆자리의 매리앤이 자기는 페루의 알파카[18] 양고기를 먹어보겠다고 해서 나도 마음을 바꾸었다. '그래, 기왕이면 여기 특산의 음식을 한 번 먹어보아야 추억이 될 수 있겠지.'

이래저래 분위기가 엄청 들뜬 만찬이었다. 아마도 이들은 식사가 끝나면 가라오케나 나이트클럽까지 이 분위기를 가져갈 것 같다.

그런데 니콜이 아파서 호텔에 누워있는 남자친구를 챙겨주어야 한다며 먹을 음식을 테이크 아웃해가지고 자리에서 일어선다. 누군가가 혼자서 호텔까지 돌아가는 데 위험하지 않겠냐고 걱정을 한다.

'아, 마침 잘 됐다. 와인 한잔 하고 졸음을 못 참던 참인데…'

니콜을 동반하겠다는 핑계로 나도 자리에서 일어났다. 니콜은 참 명랑한 성격의 소유자다. 늘 웃는 모습이다. 그래서 잉카트레일 중 남자 친구 브랜트에게 넌 참 좋은 여자 친구를 두어서 좋겠다고 했더니 자기와는 자주 다툰다는 것이다. 왜 안 그렇겠는가. 아무리 좋은 성격의 소유자라 해도 동반자와 의견이 늘 일치할 수는 없는 노릇이다.

---

17) 열대 과일로서 비타민 A, C, E가 풍부하며 영양가가 높고 양질의 지방을 함유하고 있어 칵테일 또는 샐러드용으로 많이 이용된다.
18) 알파카는 낙타과에 속하는 양과 비슷한 동물로 페루, 볼리비아, 아르헨티나 북부가 원산지다. 겉모양이 라마와 매우 유사하나 크기가 약 50cm 정도 작고 귀가 일자 모양이다.

▲ 부에노스아이레스의 고급 식당의 양고기 바비큐 모습 ▶ 소고기와 계란을 이용한 남미 식 퓨전 스페셜 푸드 ▶ 감자와 버섯을 이용한 남미 식 퓨전 요리 ▼ 치즈·살라미·프로슈토를 아름답게 장식한 술안주

페루 107

'그래. 사랑은 상대방의 있는 모습 그대로를 받아들이는 것이지 내 잣대로 무언가를 요구하는 것이 아니다.'

그러면서도 브랜트는 니콜과 결혼할 생각이란다.

'그래. 내가 보아도 니콜만한 신부 감이 어디 있겠어.'

그렇지만 니콜한테는 비밀이니 얘기하지 말아 달란다. 모처럼 와인 한잔 걸친 김에 편안한 숙면이 될 것 같다.

▲ 남미 전통 음료인 plsco & sour를 즐기고 있는 필자

13일차: 12월 29일

전형적인 스페인 콜로니얼 푸노

오늘은 아침 일찍 푸노Puno 가는 버스를 타기 위해 움직인다.

푸노는 티티카카 호반의 도시로 안데스 산맥의 거의 중앙에 위치하는 해발 3,850m의 도시다.

1688년 페드로 안토니오 페르난데스 데 카스트로Pedro Antonio Fernandes de Castro에 의해 세워졌는데 설립 당시의 이름은 산 후안 바우티스타 데 푸노San Juan Vausta de Puno였다고 한다. 이후 스페인 국왕 카를로스 2세를 기념하기 위해 산 카를로스 푸노San Carlos Puno로 변경되었다.

잉카 제국시대의 푸노는 천신이 강림한 땅으로 중요한 역할을 한 곳으로 전해지고 있으나 스페인에 의해 점령된 후 거의 모든 것을 잃게 되었다. 현재는 라마와 알파카 모피 집산지이자 이 지방의 상업과 교통의 중심지 역할을 하고 있다. 푸노는 스페인 콜로니얼 시대의 건축물이 많이 남아 있어 여행자들이 즐겨 찾고 있는 곳이기도

▲ 라마를 정겹게 감싸 안고 있는 전통 의상의 남미 여인

하다.

어제 저녁 잠자리에 일찍 든 탓으로 새벽에 일찍 깨어났다. 일찍 깬 김에 인터넷을 연결한다.

페이스북에 들어가 보니 카타르 도하에서 일하고 있는 큰딸이 온라인에 올라와 있다. "챠오ciao!"라며 신호를 보냈더니 엄마인지 아빠인지

▼ 새끼 라마와 남미 전통 의상의 여자 어린이

헷갈려 하는 답이 왔다.

"아빠다!"라고 답을 보냈더니 큰딸 아이가 무척 반가워하고 놀라워한다. 그래서 화상 채팅을 연결한다.

세상 참 좋긴 좋다. 남미의 산악 도시 쿠스코와 중동의 도하가 무선 랜의 랩탑 컴퓨터 하나로 연결되다니. 반가운 마음에

볼리비아 초원 위의 시골 여인들

이런 저런 대화를 나누다가 곁을 오가는 요스와 조앤한테도 큰딸과 세이 헬로Say Hello를 하도록 강요한다.

아침 일곱 시 버스가 오도록 예정되어 있는데 일곱 시가 다되도록 일행 중에 호텔로 돌아오지 않은 친구가 있단다. 하이디다. 새벽에 매 시간마다 출입문 벨소리가 났었는데 매리앤, 아니타 등이 한 시간 단위로 새벽 네 시부터 여섯시까지 들어 왔단다. 어제 저녁 식사 후 모두 나이트클럽에 가서 신나게 놀다가 돌아올 때는 각자 돌아온 것이다.

그런데 하이디는 푸노 출발시간이 다되도록 호텔에 돌아오지 않은 것이다.

'젊음이 좋긴 좋구나!'

이런 젊음이 부러우면서도 한편으론 걱정이다. 가이드, 유리와 매리앤이 택시를 잡아타고 매리앤의 기억을 더듬어 어제 놀던 장소로 간다. 다행히 버스 출발에 늦지 않게 하이디를 데리고 왔다. 시내 플라자 근처의 여관에서 자고 있더란다. 물론 혼자는 아니었고.

▲ 푸노로 가는 길의 해발 4천 미터에 위치한 아브라 라 라야 고갯길

한 차례의 소동을 겪은 후 푸노행 시외버스에 몸을 실었다. 버스는 생각보다 쾌적했고 일곱 시간을 여행해야만 하니 버스 안에 화장실까지 비치되어 있다. 버스는 중간에 휴식 겸 사진 촬영을 위해 한 번만 쉰다고 해서 간단한 스낵을 사가지고 버스에 오른다.

푸노로 가는 고갯길 중 하나인 아프킴보야

쿠스코에서 푸노로 가는 길은 참으로 평화로운 모습이다. 평균 해발 고도가 4천 미터가 넘는 길이지만 길가에 펼쳐진 초원은 풍요롭기 그지없다. 평화로운 초원에 양떼·소·말·라마[19]·알파카 등이 풀을 뜯고 있는 모습과 이들을 돌보고 있는 페루 농민들의 모습이 정겹다. 풍요롭기 그지없는 광활한 초원의 지평선 끝으로는 가파른 산들이 병풍처럼 드리워져 있고 높은 산봉우리들은 만년설로 덮여 있어 한 폭의 그림이다.

초원을 굽이쳐 흐르는 강과 냇물은 인공의 흔적을 찾아볼 수 없는 원시의 모습을 그대로 간직한 채 뱀의 움직임처럼 구불구불 흐르고 있다. 초원 역시 원시를 그대로 간직하고 있어 농로조차 보이질 않는다. 양떼를 돌보고 있는 인디오 여인들의 모습은 한결같다. 모자, 치마 그리고 포대기를 둘러맨 모습이 왜 저렇게 똑 같은 모습일까.

군데군데 눈에 띄는 양몰이 개들의 모습도 아름답다. 이런 평화롭고 풍요로운 모습을 아는지 모르는지 우리 일행은 어제 저녁의 광란으로 모두 깊은 잠에 떨어져 있다. 평화롭고 풍요로운 초원을 가로질러 왕복 2차선 고속도로와 단선 철도 그리고 전봇대 등이 인프라의 전부이다. 페루의 건축에 쓰이고 있는 돌 문화와 흙벽돌 문화는 우리의 옛 모습과 많이 닮아 있다.

세 시간여를 달린 버스는 휴식 겸 사진 촬영을 위해 10분 간 멈추었다. 주변의 황홀한 경관에 모두 카메라 셔터 누르기에 정신이 없다.

---

[19] 라마는 가축화된 동물로 안데스의 고원지대의 해발 4천 미터까지에서 분포한다. 아메리카 낙타라고 불리기도 한다

▲ 화장실도 없는 볼리비아의 노상 휴게소. ▼ 버스 휴게소의 기념품 판매점으로 필자는 이 곳에서 양피를 구입했다.

이곳의 고도는 해발 4,300미터. 나도 사진을 몇 장 찍는다. 이곳 휴게소에는 양털 제품들을 많이 팔고 있다. 양모 양탄자에 관심을 보였더니 180솔을 달랜다. 안사겠다고 했더니 20솔씩 내리더니 버스에 오른 내 옆의 창가에 와서 100솔에 사라면서 자릴 뜨질 않는다. 양피가 작긴 하지만 물건은 좋아 보여 나도 관심을 끊지 못한다. 출발하기 위해 버스에 오른 기사에게 100솔이면 괜찮은 가격이냐고 물었더니 180솔 아니었냐면서 100솔이면 얼른 사란다. 그래서 양모 양탄자를 우리 돈 3만 원 정도에 건졌다.

'마누라 잠자리에 펴주면 좋아 하지 않을까?'

사서 만져보니 촉감도 좋고 가공도 꼼꼼히 잘되어 있는 것 같아 기분이 좋다.

지난여름 스페인 여행 때 마드리드에서 바르셀로나까지 버스를 아홉 시간 가량 탔었는데 중간에 기사가 교대되는 것을 보고 매우 큰 인상을 받은 적이 있다.

그런데 페루 운전수는 일곱 시간을 교대 없이 혼자 운전을 한다. 그래서 일까. 조수석에 웬 여인이 동승해 말동무를 해준다.

'부인일까?'

이 여인은 푸노의 터미널에 도착하기 전 시내에서 하차했다.

스페인 식민 지배의 영향으로 푸노의 호텔은 리마, 쿠스코의 호텔에 비해 훨씬 시설이 좋다. 일행은 호텔에 짐을 풀고 늦은 점심을 먹으러 갔지만 나는 샤워 후 라면 하나 끓여 먹은 후 랩탑 컴퓨터에 매달린다.

▼ 만년설이 보이는 볼리비아의 산하

14일차: 12월 30일

잉카 전설의 발원지 티티카카 호수

    어제 저녁 일찍 잠이 들었지만 행정과장 전화 때문에 10시경에 깨어났다. 직원 인사 때문에 마음이 상한 분위기다. 행정과장과 통화하고 또 같은 사안으로 e메일까지 하고 나니 그동안 좋아졌던 기분이 착 가라앉는다. 잠이 들었나 했는데 새벽에는 반갑지 않은 문자로 깨어났다.

    전 직장의 동료가 딸 결혼식을 알지 못해 미안하다며 뒤늦게 축하한다는 변명의 메시지다. '안 그래도 기분이 언짢았었는데 시차도 모른단 말인가. 나는 자기 집 경조사 다 챙겼는데. 이제 와서 변명 문자나 보내다니. 마누라가 좋으면 처갓집 들보에 대고 절을 한다고 했었지.'

    그러나 미운 사람은 뭘 해도 미운 법이다. 새벽에 잠을 설친 나는 결국 잠을 못 이루고 아침을 먹는다.

    8시에 가이드가 툭툭이들을 대동하고 호텔로 왔다. 아만타니섬으로 민박을 가기 위해서다. 일행은 여덟 대의 툭툭이에 분승하여 티티카카 호수의 터미널에 도착한다.

　볼리비아의 서쪽 끝 칠레와의 국경에 남북으로 뻗어있는 옥시덴탈산맥에는 해발 6,531미터의 사하마산을 비롯해서 해발 6천 미터 이상의 고산이 솟아 있다. 이 산맥 동쪽에는 해발 3,500에서 3,800미터에 달하는 알티플라노고원이 펼쳐져 있다. 평균 너비 140킬로미터와 길이 830킬로미터의 이 고원은 세계에서 가장 높은 거주지의 하나인데 남미 최대의 담수호인 티티카카호수는 바로 고원 위에 위치하고 있다.

　티티카카 호수는 면적 8,135 평방킬로미터, 해발고도 3,810미터, 최대수심 280여 미터의 규모로 대규모 호수로서는 세계에서 가장 높은 곳에 위치한다. 고고학적 유적이 많이 남아 있기 때문에 남미에서 가장 오래된 문명 발상지의 하나로 추정되고 있다.
　티티카카 호수의 물은 강우와 안데스 산맥의 만년설이 녹아내리는 물로 충당되는데 다섯 개의 강줄기가 되어 호수로 흘러들어 온다. 호수 안에는 티티카카섬, 아만타니섬, 태양의 섬, 달의 섬 등 40여개의 크고 작은 섬들이 있다.
　티티카카 호수의 섬과 그 주변에는 케추아어 족이나 아이마라어 족 등의 원주민 계 민족이 거주하면서 연안의 도시에서 일을 하거나 섬에서 농경, 어로 그리고 관광업 등에 종사하면서 생계를 유지하고 있다.

▲ 티키카카 호수 안의 아마타니 섬

▼ 코파카바나에서 바라 본 티티카카 호수

푸노의 티티카카호수에 정박되어 있는 보트들

보트는 우리 일행을 위해 전세 낸 것인데 시설이 비교적 호화롭다. 한 삼십분을 달려가니 물위에 떠 있는 섬인 우로스Uros에 도착한다. 왕골로 뗏목을 이어서 뜨게 한 섬인데 섬 위의 집들도 모두 왕골로 지어져 있다. 40여 개의 떠다니는 인공 섬 위의 왕골 집들은 본래 방어용으로 지어진 것인데 위협이 닥치면 움직일 수도 있다고 한다.

섬의 아낙네들은 관광객을 상대로 기념품 등을 팔면서 삶을 영위해간다. 남자들은 고기잡이에 나가 있는데 주로 트라우트와 킹 피쉬를 잡아서 육지에 내다 판단다.

우로스 섬을 떠나 세 시간여를 보트를 타고 아만타니섬에 도착한다. 섬에 도착하기 전, 배에서는 젊은 친구들의 카드 판이 재미있게 왁자지껄하다. 글쎄, 어딜 가나 사람 사는 모습은 거기서 거기다. 심심할 때는 무리지어 떠들며 시간을 보내는 게 인간의 속성이자 본

능인 것이다. 보트에는 운전수의 딸이 동승해 아버지를 낮잠 재우고 운전을 대신한다. 이제 겨우 열네 살이라는데 운전을 참하게 잘 한다. 물론 운전면허는 아직 없다. 열여덟이 되어야 딸 수 있단다. 학교에 다니고 있는데 2월말까지는 방학이라서 아빠 일을 도와주고 있단다.

아만타니 섬에 도착하니 민박집 주인들이 마중 나와 있다. 나는 요스와 함께 후안네 집으로 안내되었다. 그런데 부두에서 집까지 올라가는 오르막길이 잉카 트레일이나 다름없이 가파르다. 해발 4천 미터가 넘어 산소가 평지보다 30%이상 부족하기 때문에 한꺼번에 많이 걸을 수가 없다. 그런데다 집이 가파른 언덕위에 있어 웬만한 등산 뺨친다.

아만타니는 케추아어를 하는 주민들이 사는 티티카카 호의 작은 섬이다. 약 4천 명의 주민들이 15 평방킬로미터 정도의 원형 섬에서 열 개 정도의 취락을 이루고 살아가고 있다. 섬에는 아버지의 땅이라는 의미의 피치티티 산과 어머니 땅이라고 불리는 파차마마 산이 있다. 이 두 개의 산으로 오르는 언덕은 계단식 밭인데 주

우로스 섬의 왕골로 만든 보트와 갈대

우로스 섬에서 왕골 기념품을 만들고 있는 여인들

우로스 섬의 장식용 카페스트리를 제작하고 있는 여인들

관광객들에게 자신들이 만든 토산품을 시연해 보이고 있는 우로스 섬 주민들로 밀·감자·채소 등을 경작하고 있다.

아만타니 섬에는 차와 호텔이 없다. 섬에서는 기계가 허용되지 않기 때문에 모든 농사는 손으로 경작하여야 한다고 한다. 대부분의 농가에서는 양초와 플래쉬 라이트를 이용하고 있으며 태양열 전지판이 설치되어 있는 집들도 가끔 눈에 뜨인다.

▲ 현지 전통의상으로 갈아입고 즐거워하는 관광객들
▼ 우로스 섬의 기념품판매 현지인과 함께 한 필자

요스와 나에게 안내된 민박집은 생각보다 깨끗하다. 세미2층으로 되어있는 집인데 손님용 객실에는 침대가 깨끗하게 정돈되어 있고 분위기도 쾌적해서 맘에 든다.

요스와 나는 방을 하나 씩 각각 쓰기로 한다. 네 시에 일행 모두가 다시 모이기로 했는데 시간이 좀 있어 요스가 내 방에 와 이런 저런 한담을 같이 나눈다.

그러나 나는 피곤에 지쳐서 졸음이 오는 것을 겨우 참고 앉아 있다. 세시쯤 되니 점심 준비가 다되었다고 식사를 하란다.

페루 **123**

▲ 아만타니 섬 약도

    부엌은 어릴 적 우리가 쓰던 것과 비슷한데 아궁이에 불을 지펴 장작으로 식사 준비를 한다. 감자를 주로 한 야채로 수프가 먼저 나오고 밥과 감자튀김이 메인 디시다. 마지막으로 문야라는 풀잎으로 뜨거운 차를 타주었는데 차 맛이 페루에서 먹어본 것 중 최고였다.

    요스와 나는 준비해간 선물을 내놓았다, 나는 소주 두 팩, 라면 두 봉지 그리고 1회용 커피 몇 봉지를 내 놓았다. 선물이 좀 부족한 것 같아 보트 터미널에서 바나나 열두 개를 샀었는데 두 개는 보트 안에서 배가 고파 먹고 열 개를 내놓는다.

    점심 후에는 뒷산에 올라 선셋을 보는 팀과 마을주민들과 축구를 하는 팀으로 나뉘어 시간을 보내기로 했는데 나는 피곤해서 양쪽 모두에 참가하지 않고 낮잠을 자기로 한다. 한참 만에 요스와 주인이 깨워서 일어나니 이미 어두워져 있다.

요스는 뒷산에 일행 일부와 함께 다녀왔는데 날씨 때문에 선셋을 보지는 못했단다. 나머지 일행들도 성원이 되지 않아 마을사람들과 축구를 하는 대신 자기들끼리 카드놀이를 하며 놀았단다. 저녁 메뉴도 점심과 같은 것이었는데 장작불로 지은 식사라서 따끈따끈 따뜻하다. 밥을 뚝딱 먹어 치웠더니 부족한 줄 알고 아들 월터가 더 먹겠느냐며 권해온다.

저녁때는 이집 식구들이 모두 모였다. 남편, 큰 아들 월터, 열아홉 살짜리 딸과 나머지 아들 둘. 모두 5남매의 다복한 가정이다. 부엌에 놓여있는 테이블에는 요스와 내가 앉고 이집 식구들은 모두 부엌 바닥에 옹기종기 앉아 식사를 하는 모습이 매우 행복하고 다정다감해 보인다.

'그래! 그 옛날 우리도 고향마을에서 저렇게 살았었지!'

지금은 도시로 몰려와 무얼 위해 살고 있는지도 모르며 이리저리 떠밀려 살고 있다. 아침에 출근하면 하루 종일 일에 치여 살다가 저녁에 돌아오면 각자 텔레비전이나 보다 각기 자기 방으로 들어가 또 다음 일상을 준비하는 다람쥐 체 바퀴 돌 듯 하는 따분한 삶.

저녁을 먹고 나니 민속의상을 하나씩 내놓는다. 판초 식으로 만들어진 이 마을의 전통의상이다. 옷을 걸치고 마을 회관으로 가니 민속 밴드의 음악에 맞추어 이미 댄스파티가 벌어졌다. 다음 차 순이 되어 나도 마을 주민 그리고 우리 민박집 주인아주머니와 한편이 되어 플로어를 돌았다. 음악이 리드미컬해 매우 흥겨운 자리다. 특히 여자들의 복장은 매우 원색적이어서 분위기를 돋우는 데는 그만이었다. 이렇게 한 시간 정도를 흥겹게 놀고 민속의상차림으로 기념촬영도 한 후 민박에 돌아와 깊은 잠에 빠져 든다.

▲ 아만타니 섬 민박집 침실의 관광객
▼ 아만타니 섬의 축제를 즐기기 위해 현지 전통의상으로 갈아입은 관광객들

아만타니 섬 민박집 가족들과의 기념 촬영

아만타니 섬 민박집 부엌 모습

아만타니 섬민박집 식사 후 차 한 잔의 여유

▲ 아만타니 섬 민박집 전경

15일차: 12월 31일

남미 식 송년 파티

아침에 일어나 양치와 화장실 볼 일을 보고 짐을 챙긴다. 입던 기능성 긴팔 티셔츠와 내의 그리고 양말을 곱게 접어 침대 위에 놓아둔다. 아무래도 이 집에서 필요할 것 같아서다. 가이드가 현금은 주지 말라고 했는데 팁으로 10솔도 침대 위에 같이 놓아두었다.

멀리서 본 우로스 섬 전경

아만타니 섬 축제 후의 기념 촬영.

아직 해가 떠오르기 전이지만 밖에 나가 마을 사진 몇 장을 찍는다. 분위기로만 보아서는 어렸을 적 시골 고향 분위기와 흡사하다. 흙벽돌 집, 밖에 내다 지은 화장실, 텃밭, 아궁이가 있는 부엌, 맑은 하늘. 흡사 타임머신을 돌려 50여 년 전의 고향으로 돌아온 느낌이다. '아 참으로 편안한 하루 밤을 지내고 가는구나!'

오늘은 마침 매리앤의 생일이란다. 그래서 가이드, 유리가 보트 터미널에서 꽃다발을 준비해 매리앤에게 안겨준다. 가이드의 세심한 배려와 마음 씀씀이가 고맙다.

푸노의 호텔에 돌아와서는 오후 내내 쉬었다. 쉬는 김에 유리와 함께 인터넷 카페에 들러 부에노스아이레스에서 뉴욕까지의 항공편 예약을 해둔다. 다행히 스탠바이 승객은 나 하나밖에 없단다.

아만타니 섬으로 향하는 보트 안의 한가로운 모습

'제발 고생하지 말고 뉴욕까지 좌석을 확보해서 돌아갈 수 있어야 할 텐데.'

오늘은 뉴이어 이브라서 특별한 파티를 한단다. 일행 모두는 시내의 한 식당에서 저녁을 먹은 후 팬티를 파는 가게에 들렀다.

페루 풍속은 뉴이어 이브에 색깔 있는 팬티를 소원에 따라 사 입는단다. 노란색은 사랑, 빨간색은 건강, 초록색은 돈 등이다.

다들 팬티를 하나씩 사기에 나도 덩달아 샀는데 마땅한 색깔이 없어 그린으로 샀다. 나중에 나이트클럽에서 이 팬티들을 바지 위에 입고 광란의 밤을 지냈다.

▲ 우로스 섬 유람선의 여유를 즐기는 일행

나이트클럽에 가기에는 좀 이른 시간이었지만 일행 모두 나이트클럽에 들러 음료수 하나씩을 시켜놓고 담소하다가 춤을 추기 시작한다. 평소 조용하던 일행들이 갑자기 광란의 모습으로 바뀐다. 특히 나이 마흔 여덟이자 학교 선생인 조앤까지 20대들의 몸짓으로 광란이다. 뉴이어 이브를 이렇게 지내야 한다고 해서 자정을 넘겨 호텔로 돌아왔다.

▼ 아만타니 섬의 민박집 풍경 　　　　　　　▼ 자동차 무사고 기원축제

▲ 알타 그라시아 수도원의 아름다운 정원

뉴이어 이브 파티

134　남미 종단 잉카 트레킹, 파이팅

볼리비아

볼리비아 관광지도
- Bolivia -

200km

BRAZIL 브라질
BRAZIL 브라질
PARAGUAY 파라과이
ARGENTINA 아르헨티나
CHILE 칠레
PERU 페루
PACIFIC OCEAN 태평양

- Rio Abuan 뽀요아브안
- Cobila 코비아
- Guayaramerin 구아야라메린
- Riberalta 리베랄따
- Puerto Maldonado 푸에르또 말도나도
- Parque Nacional Madidi 마디디 국립공원
- Parque Nacional Apolpbamba 아폴로밤바 국립공원
- Rurrenabaque 루렌아바께
- San Joaquin 산호아낀
- Magdalena 마그달레나
- Trinidad 트리니다드
- Parque Nacional Noel Kempff Mercado 노엘쳄프 메르카도 국립공원
- Concepcion 콘셉시온
- San Jose de Chiquitos 산호세치키토스
- Rovore 로보레
- Parque Nacional del Gran Chaco 그란차코 국립공원(명칭)
- Sorata 소라타
- Titicaca 티티카카 호수
- La Paz 라파스
- Cochabamba 코차밤바
- Parque Nacional Carrasco 카라스코 국립공원
- Oruro 오루로
- Santa Cruz 산타크루스
- Sucre 수크레
- Potosi 포토시
- Boyuibe 보우이베
- Parque Nacional Aguarague 아구아라게 국립공원(명칭)
- Salar de Uyini 소금사막
- Tupiza 투피사
- San Vicente 산비센테
- Tarija 타리하
- Laguna Colorada 콜로라도 호수
- Laguna Verde 베르데 호수

16일차: 1월 1일

볼리비아 국경을 넘다

   광란의 뉴이어 이브를 보낸 탓인지 편안한 잠을 이루지 못하고 새벽 일찍 깨어났다. 깨어난 김에 짐도 챙기고 샤워도 한 다음 여섯 시에 맞추어 아침 식사를 했다. 일곱 시 정각에 호텔에 도착한 전세 버스를 타고 일행 모두 버스터미널로 향한다.

   버스터미널에서 노선버스로 옮겨 탄 우리는 볼리비아 국경까지 와서 입국수속을 한 후 코파카바나Copacabana라는 도시에서 볼리비아 국적의 버스로 옮겨 탔다. 페루 버스는 비교적 쾌적했는데 볼리비아 버스는 자리가 협소한데다가 몸집이 큰 개프가 내 옆자리에 앉는 바람에 몹시 불편하게 세 시간을 시달린 끝에 호텔에 도착한다.

   호텔에 투숙한 후 잠시 쉬었다가 인근의 카페에서 일행 모두와 저녁을 함께 했다. 볼리비아의 물가는 페루의 절반 정도인 것 같다. 적어도 음식 값은 그렇다. 식당에서 잘 시켜 먹어도 미화 5달러에서 7달러 정도면 충분하다. 음식도 맛이 있다. 저녁 식사 후 산책을 겸해 시내를 돌아본 후 호텔에 돌아가 볼리비아에 관한 정보들을 챙겨 본다.

볼리비아 **137**

볼리비아는 남미에서 천연자원이 가장 풍부한 나라이면서도 최빈국 중의 하나다.

대다수의 국민은 농사로 근근이 삶을 영위하고 있는 나라다. 남미 중부의 내륙국가인 볼리비아의 행정 수도는 라파스이며 사법 수도는 수크레Sucre로서 미국·캐나다·호주·남아공과 같이 수도가 분리된 나라 중의 하나이다.

우리가 행정수도를 세종시로 옮기면서 수도 분리의 불편함만을 강조해 왔는데 기왕에 수도를 분리해서 운영하고 있는 나라들의 사례를 잘 분석해 볼 필요가 있을 것 같다. 우리의 경우는 수도의 분리 운영이 문제라기보다는 정부의 기능들을 어정쩡하게 물리적으로 나누어 놓은 것이 훨씬 더 큰 문제 같다는 생각이다.

스페인 식민 지배 이전의 볼리비아 영토는 남미에서 가장 큰 나라였던 잉카 제국의 일부였다. 한반도의 약 6배인 120만 평방킬로미터의 면적에 인구 900만 명밖에 되지 않는 볼리비아는 남미 토착민·유럽인·아시아인·아프리카인들로 구성된 다민족 국가이다.

인구의 약 80%가 스페인어를 제1언어로 구사하며, 케추아어와 아이마라어도 흔히 쓰인다. 스페인어 이외의 35개 토착어도 법률로 모두 공식어로 지정해서 사용하고 있다.

볼리비아는 지리적으로 열대 권역에 속하지만 고도에 따라 저지대의 열대기후부터 안데스 산맥의 극지 기후까지 다양한 기후 패턴을 가지고 있고 계절적인 변화는 상대적으로 적은 편이다. 볼리비아의 겨울인 6월부터 8월까지의 평균 기온은 섭씨 7~8도 정도이며 여름인 12월부터 3월까지의 평균 기온은 섭씨 10도 정도의 온대성 기후이다. 라파스, 티티카카 등의 고지대에서는 강한 태양에 오랫동안 노출되는 것을 피해야 하며 가급적 자외선 차단제를 사용하여 피부를 보호해야 한다.

볼리비아 인종의 30%는 케추아어를 쓰고 25%는 아이마라어를 쓰는 아메리카 원주민이다. 아메리카 원주민은 볼리비아 인구의 절반 정도를 차지하고 메스티소가 30% 그리고 나머지 15% 정도는 백인이다. 볼리비아의 지도층인 백인의 대부분은 스페인 정복 초기 식민자들의 후손인 크리올로들이다.

볼리비아 수도 라파스 시가지 전경

17일차: 1월 2일

죽음의 길 바이킹

　새벽 일찍 일어나 일행 모두는 죽음의 길 바이킹을 하기 위해 도보로 매드니스라는 회사로 향한다.
　호텔에서부터 좀 가파른 길을 10여분 이상 걸은 것 같다. 어드벤쳐 투어 전문회사인 매드니스에서 각각 미화 75달러씩을 계산하고 헬멧 등의 바이크 장비를 지급받은 후 인근 카페에서 아침을 간단하게 때운다.
　아침 식사 후 여행사에서 제공한 전용버스로 해발 4천 7백 미터 고지로 향한다. 산 정상에 오르니 부슬비가 내리고 몹시 춥다.
　'옷을 단단히 챙겨 입고 올 걸 그랬나?'
　일행 모두 산악자전거를 한 대씩 지급받고 자전거 타기에 대한 주의 사항을 간단히 들은 후 단체 사진 촬영을 한다. 우리 일행뿐만 아니라 다른 그룹에서 온 친구들까지 함께 모여 인원이 꽤 많다. 난생 처음 해보는 산악자전거인데다가 그것도 죽음의 도로라고 하니 좀 두렵다.

죽음의 길 바이킹 코스

그러나 기왕 도전한 것이니 선두그룹을 따라 가파른 길을 미끄러져 내려간다. 워낙 높은 곳에서 출발하다보니 영하를 넘나드는 빗길이라 매우 춥다. 손발이 얼어붙어 오고 때 마침 내리고 있는 부슬비에 옷도 젖어와 추위에 견딜 수 있을지 걱정이 앞선다.

'잉카 트레일에 이어 괜한 객기를 또 부린 건가. 그냥 개프나 조앤처럼 자전거를 타지 말고 우리 그룹의 뒤를 쫓아오고 있는 밴에 타고 경치나 즐길 걸 그랬나.'

데스 로드의 경치는 기가 막힐 정도로 빼어난데 카메라 배터리를 호텔에 그냥 두고 왔다. 어젯밤에 배터리 충전 후 카메라에 다시 넣는다는 걸 깜빡한 것이다. 이 빼어난 경치와 평생 한번 해보는 이 멋

잉카트레일 트레킹 여정 중 '죽음의 길 바이킹'을 즐기는 여행자들

있는 산악자전거의 경험을 카메라에 담을 수 없다니 안타깝기 짝이 없다. 그러나 다운 힐 바이크의 모든 일정을 끝내고 나니 매드니스 여행사의 전속 사진사가 촬영한 CD를 한 장씩 나누어 주어 이 소중한 경험을 동영상과 사진으로 간직할 수 있게 되어 그나마 천만다행이다.

처음엔 두려움이 많았던 다운 힐 바이킹이 고도가 낮아지면서 추위가 가시고 또 날씨도 걷히면서 점점 재미있어 진다.

'아! 이거 안했으면 평생 이 묘미를 몰랐겠는

볼리비아 143

▲ 죽음의 길 바이킹 코스를 즐기고 있는 필자

걸. 서울 돌아가면 MTB 자전거를 한 대 구입해야겠다. 나이 70이 다된 동서 형님의 친구 권 사장이 MTB에 빠져 있는 이유를 이제야 알겠군. 그나저나 그 양반, 내 권유에 따라 이번 여행길에 같이 왔더라면 이런 멋있는 체험에 얼마나 즐거워했을까.

저녁은 우리 일행 중 하이디와 아니타가 내일 아침 일찍 떠난다고 해서 송별연을 겸하여 특별한 곳으로 가기로 한다. 분위기가 아주 좋은 곳이라며 가이드, 카리나가 안내했다.

'죽음의 길' 산악자전거의 성취감도 있고 해서 좀 무리하게 주문을 한다. 'PLSCO & Sour'라고 이곳의 전통 칵테일에다 위스키 한 잔까지 말이다. 낮의 피로도 있고 해서 술 두 잔을 연거푸 마셨더니 정신없이 졸음이 쏟아진다.

위험한 죽음의 길 바이킹 코스

그런데 이 친구들의 수다는 시간이 갈수록 늘어나고 호텔로 돌아갈 생각을 안 한다. 몰려오는 졸음을 얼마나 참았을까. 바네샤 그룹이 호텔로 돌아가잔다. 요스 등은 그냥 남아있고. 바네샤를 따라 택시 타고 호텔로 돌아와서 이내 잠에 떨어진다.

▲ 죽음의 길 바이킹 중 중간 휴식

18일차: 1월 3일

영혼이 부침한 도시 라파스

라파스La Paz에서의 마지막 날이다. 라파스는 세상에서 가장 높은 곳인 해발 3천 6백 미터 고지에 위치한 도시로 볼리비아의 정치·경제·문화의 중심도시로서 사실상 수도나 다름없다. 볼리비아의 헌법상 수도는 유엔교육관학문화기구UNESCO가 도시 전체를 문화유산으로 지정해 보호하고 있는 수크레다.

이 가난하고 높은 도시에서 가난한 사람일수록 더 높은 곳에 살게 된다. 도시를 둘러싼 언덕배기에 빼곡하게 들어찬 집들이 어딘가 초현실적인 풍경으로 다가온다.

오전엔 가이드와 함께 라파스 시내 관광을 했다. 무릴료Murillo광장과 쇼핑가 등이다. 무릴료 광장 투어를 하면서 가이드로부터 이 나라 정치 환경에 관한 얘기와 나라 이름이 왜 볼리비아가 되었는지 등에 관한 얘기를 들었다.

볼리비아는 오랫동안 스페인 통치를 받다가 1825년에 독립한 나

볼리비아 수도 라파스 외곽에 위치한 문 밸리 전경

라다. 볼리비아의 독립은 베네수엘라의 영웅 볼리바르장군의 영향이 막대하였기 때문에 그 이름을 따서 국호를 볼리비아로 정하게 되었다고 했다. 볼리비아 독립 이후 페루·에콰도르·베네수엘라 등 볼리비아 인근의 다른 식민지들도 볼리바르 장군의 영향으로 스페인의 통치에서 벗어나 독립을 쟁취 했다고 한다.

하지만 불행하게도 볼리비아는 같은 시기에 독립을 쟁취한 이웃 국가들 중에서 제일 문제가 많은 나라가 됐다. 볼리비아는 1825년에 독립한 이후 쿠데타를 무려 150번이나 겪어야 했다. 그뿐만 아니라 볼리비아는 165년 동안에 헌법을 무려 열여섯 번이나 개정했단다. 독립 이후 쿠데타가 150번이나 발생 했고 헌법을 16번이나 제정 또는 개정했다는 사실은 볼리비아가 독립 이후에도 정치적 혼란

아름다운 도시 수크레 시가지 전경

이 얼마나 극심했던 가를 웅변하고 있는 대목이다.
 그뿐만 아니라 1964년에서 부터 1989년까지 대통령으로 모두 19명이 취임했는데 그 중 임기를 마친 대통령은 단 두 명뿐이란다. 이런 정정 불안으로 볼리비아는 많은 자원과 광대한 국토를 가지고 있음에도 불구하고 남미에서 가장 못사는 나라로 전락하게 되었다고 한다.

 라파스에서 새로이 투어에 조인한 칭용이 오전 관광 끝날 무렵에 날 잡아끈다. 코카 박물관이나 구경하잔다.
 코카는 마취약이나 마약으로 유명한 코카인을 함유한 상록수다. 중앙 안데스의 잉카제국에서는 코카가 종교적 의례에도 필수적이

볼리비아 149

었던 것으로 전해지고 있다. 지금도 중앙 안데스의 고지대 원주민들 사이에서는 코카 잎을 씹는 습관을 일상적으로 목격할 수 있다. 볼리비아의 산골 주민들은 말린 코카 잎을 씹으면 갈증이 없어지는 것은 물론 피로가 회복된다고 믿고 있어 상용하고 있다.

칭용은 중국계 캐나다인이다. 아시아계는 역시 서로 통하는데 가 있다. 칭용은 캐나다의 수도인 오타와에서 살고 있다고 했는데 얘길 들어보니 완전히 떠돌이 인생이다.

스위스의 베른에서 18년인가를 살았다고 했다. 최근에는 28개월 째인가를 직장 내던지고 여행만 하고 있는 중이다. 라파스도 두 번째 방문이란다. 볼리비아 북부를 작년에 여행했지만 남부는 여행할 기회가 없어 이번에 다시 도전하고 있다고 했다. 코카박물관에 가서야 비로소 코카 잎이 코케인은 물론 코카콜라의 제조와도 관련이 있다는 것을 비로소 처음 알았다.

가이드가 호텔 근처에 일본식당이 있다고 한 말이 생각나 둘은 호텔로 돌아왔다. 프런트에 물으니 호텔이 소재한 길을 한참 따라가면 뉴토쿄 라는 일본 식당이 있다고 해서 한 참을 걸었다. 이 길을 따라 걷다보니 길 주위에 부자들이 많이 살고 있는 모습이다. 같은 길을 계속 내려가다 보니 미국대사관과 스페인대사관이 보인다. 두 대사관을 지나 한 참을 더 가서 일본 식당 뉴토쿄를 찾긴 했지만 일요일이라 문이 닫혀 있다. 헛걸음을 한 우리는 택시를 타고 일단 호텔로 돌아온다.

마땅한 대안이 없어 전에 한 번 들렀던 알렉산더 커피숍에서 샌드

위치와 샐러드로 점심을 때운다. 남미의 커피숍은 유럽 음식문화의 영향으로 커피숍에서 웬만한 메뉴의 식사가 가능하다.

그리고 나니 딱히 할 일이 없어 인터넷 카페에 들렀더니 랩탑 컴퓨터는 받아줄 수 없단다. 유료인 자기들 컴퓨터만 쓰라는 얘기다. 한글 자판이 없으면 내게는 무용지물임으로 길 건너의 인터넷 카페 두어 군데를 더 돌아본다. 그러나 사정은 마찬가지여서 포기하고 호텔로 돌아온다.

그런데 뜻밖에 에일린이 랩탑 컴퓨터로 인터넷을 하고 있다. 나도 프런트에 가 호텔의 와이파이 비번을 물었더니 비로소 인터넷이 된다고 알려준다.

그러나 인터넷은 속도가 매우 느려 실용성이 떨어져 사용에는 한계가 있다. 몸이 피곤해 잠이 오는데 마침 조앤이 자기 방에서 잠시 쉬라며 방 열쇠를 건네준다.

'원! 이렇게 고마울 수가!'

여행을 계속하는 우리 일행은 아침에 체크아웃을 한 상태이고 내일 귀국하는 조앤 등은 방을 아직 가지고 있는 상태이기 때문이다.

전형적인 남미 전통 복장의 여인

조앤 방에 가서 한숨을 자고 났더니 개운해 졌다. 로비로 내려오니 일행들이 호텔에 맡겨두었던 짐을 정리하고 있다. 나도 짐을 찾아 정리한 후 여섯 시가 되어 수크레Sucure 행 버스를 타기 위해 택시 두 대에 나누어 타고 버스터미널로 향한다.

남미의 남쪽으로 여행을 계속하는 우리 일행은 나, 새로 라파스에서 조인한 칭용과 필립, 바네샤와 매리앤, 로빈과 에일린 커플 그리고 가이드, 카리나 등 모두 여덟 명이다.

버스터미널에 와서 밤새 달릴 버스에서 먹을 스낵과 물 등을 사서 챙긴 후 여덟시나 되어 버스에 오른다. 오버나이트 버스이기 때문에 좌석을 기울일 수가 있고 좌석마다 모포가 지급되어 있는 비교적 고급 버스다.

나는 여전히 피곤이 몰려와 버스에 오르자마자 잠이 들었다. 그런데 두어 시간 후쯤 되었을까. 창밖이 시끄러워 잠에서 깨어났다. 타이어 펑크가 난 것이다. 비몽사몽간에 타이어 수리를 마치고 가던 버스가 이번엔 알터네이터 고장이라서 다시 멈추었다. 수리를 시도하던 차가 수리가 불가능하다며 다른 대체 차량을 기다려야 한다고 해서 손님들이 모두 버스에서 새우잠으로 밤을 새웠다.

'그나저나 이 오지까지 언제 대체 버스가 올 수 있단 말인가!'

날이 밝아지자 대체 차량은 끝내 오지 않고 버스 수리가 다시 시작되었는데 어찌어찌하여 버스가 수리되어 다시 운행을 시작한다. 당초 아침 일곱 시에 수크레에 도착 예정이었는데 수크레에 도착한 시간이 오후 두 시 반이다.

바네샤는 우리가 받아야 할 증명서가 3박4일의 잉카 트레일이나 다운 힐 바이크가 아니라 볼리비아 버스 서티피켓이라고 불평을 에둘러 얘기한다. 정말 힘든 여정이었다.

호텔에 들어 짐을 대충 챙기고 스낵으로 점심을 먹자고 로비에 모였는데 생각해 보니 휴대해온 라면 생각이 난다. 객실에 들러 짐을 대충 정리하고 라면을 끓여 먹으니 살 것 같다. 그나저나 라면도 이제 두 개밖에 남지 않았다. 인터넷으로 e메일을 열어 밀린 일을 모두 정리한 후 샤워하고 나니 저녁 약속 시간인 여섯 시 반이 다 되었다.

로비에서 가이드, 카리나와 만나 분위기 근사한 카페로 간다. 모처럼 일행 여덟 명이 모두 합석하여 저녁을 먹는다. 지난번에 바네샤가 화이트 와인을 두병 산일도 있고 또 학장 취임을 축하한다며 한 잔 사라는 일행의 말도 있고 해서 레드 와인 두 병을 내가 별도로 시킨다.

밥값은 모두 각기 내므로 내 몫은 160볼리비안, 즉 미화 20달러가 채 안 되는 돈이다. 일행은 모처럼 즐겁게 저녁 식사를 같이하고 호텔로 돌아온다. 열시 반이다. 수크레의 야경은 평화롭고 조용하다. 분위기도 유럽풍이고. 인터넷 잠시 검색한 후 잠자리에 든다.

아름다운 도시 수크레 시가지 전경

19일차: 1월4일

유네스코가 지정한 아름다운 도시 수크레

오늘은 시내 투어라서 느긋하다. 아홉시에 가이드와 로비에서 만나기로 해서 아침도 여덟 시가 넘어서 먹는다.

아침 식사 후 일행이 모두 모여 걸어서 수크레 시내 구경을 나선다.

그 동안 보아왔던 남미 도시 중 가장 아름다운 모습이다. 1984에 도심 전체가 유네스코 문화유산으로 지정되었다니 그 아름다움을 가늠할 수 있을 것이다. 마침 날씨까지 맑아 시내 투어하기에는 그만이다. 도심의 플라자plaza 25 de Mayo를 돌아보고 가톨릭성당을 거

수크레 공원 주변 풍경

처 개인 공원이었던 곳까지 돌아 본 후 한 식당에 들러 이곳 전통 음식으로 새참을 먹는다.

 일년초에서 추출되어 백 퍼센트 자연산이지만 사카린 만큼이나 달디 단 스테비아를 넣었는지 음식이 너무 달다. 11시가 넘은 시각이라 새참이지만 아예 점심으로 배불리 먹어둔다. 그런데 이 시간에 이 식당, 그야말로 입추의 여지가 없다. 건물도 매우 아름답고. 수크레Sucre의 건물들은 전체적으로 아름답게 보존되어 있다. 유네스코가 지정한 유산이기 때문에 철저히 관리를 받고 있기 때문이라고 했다.

◀ 수크레의 수도원 안에서 바라본 아름다운 정원
▲ 수크레의 한 수도원 전경

브런치를 즐길 수 있는 수크레의 한 거리 카페

▲ 수크레의 기념품 판매 시장
◀ 채색과 배열이 예술적인 수크레의 기념품 가게
▼ 남미 사람들은 지신과 천신을 중시하여 가게 이름도 지신을 의미하는 어머니의 땅

20일차: 1월 5일

포토시의 은광 탐사

남미 사람들은 대부분 천주교인이다. 물론 현지의 토속종교와 많이 복합된 신앙이긴 하지만.

오늘은 천주교 명절인 수태고지일인가 그렇다. 오늘을 기점으로 공식적으로 크리스마스와 관련된 장식물을 다 걷어치우는 날이란다. 포토시 시가에서는 이날을 축하하는 밴드의 퍼레이드가 있었다. 사람들은 동서양을 막론하고 틈만 나면 먹고 즐기려 한다. 좋은 일이다. 이 각박한 세상에.

아침 6시 15분 전에 일행을 로비에서 만나기로 되어 있어 로비에 나가니 리셉션 데스크도 썰렁하게 비어 있고 가이드는 밖에서 굳게 잠긴 호텔의 출입문을 두드리며 동동거리고 있다.

기가 막힌 일이다, 6시 15전부터 아침 식사를 할 수 있게 조치해 놓겠다던 가이드도 이제 나타나 난리법석이고 리셉션 데스크는 불조차 켜 있지 않은 상황이라니.

칭용과 바네샤가 차례로 나타나더니 기가 막혀한다. 밖에서 동동

거리고 있는 가이드, 카리나의 지시대로 리셉션 데스크의 벨을 찾아 누르니 그제 서야 직원이 눈을 부비며 나타난다. 가이드 카리나는 어제 저녁에도 약속한 시간보다 15분 늦게 나타났었다. 매리앤이 내게 헤어진 가이드, 유리를 미스하느냐고 몇 번이나 물었었다. 페루에서의 가이드다. 처음엔 무슨 뜻인지 몰랐었는데 카리나의 무성의한 태도 때문에 유리가 그립다는 뜻이다. 뭐든지 본인 할 나름이다.

 결국 아침을 굶은 일행은 택시 두 대에 분승해서 버스터미널로 향한다. 터미널에서도 아침 이른 시간이라서 가게를 연 곳이 없다.

 우리 일행은 그렇게 아침을 쫄쫄 굶은 채 세 시간 동안 버스를 타고 포토시로 이동했다.

 푸노에서 수크레 이동할 때 버스 때문에 고생을 많이 한 일행은 농담 반 진담 반으로 걱정을 한다. 버스가 이번에 펑크 같은 것 없이 잘 가줘야 할 터인데. 그런데 아니나 다를까 버스길의 중간쯤에서 또 펑크가 났다. 일행은 실소를 금하지 못한다.

 포토시에 도착한 일행은 호텔에 여장을 풀고 노천온천으로 간다. 택시로 한 시간여나 달렸을까.

 야산의 둔덕위에 작은 호수가 있는데 그 물이 노천온천이란다. 적당히 따뜻해서 몸을 담그고 있기에 안성맞춤이다. 그러나 물이 깊고 넓어 사람들이 쉽게 들어가질 못한다. 때 마침 비도 내리고 편의시설이 전혀 되어 있지 않아 잠시 물에 들었다가 이내 모두 나온다. 원래는 한 시간 가량 머물 계획이었지만 서둘러서 호텔로 돌아오니 남은 일행이 놀라워한다. 왜 이렇게 빨리 돌아왔느냐고.

잠시 객실에서 쉰 우리 일행은 은광 탐사에 나선다.

남미에서 가장 오래된 포토시의 은광은 1545년 스페인에 의해 점령된 후 두 세기에 걸쳐 전 세계 은 생산량의 절반 이상을 토해냈다고 한다. 이 때문에 은광으로 한 몫 잡으려던 개척자들이 포토시로 몰려들면서 17세기 후반에는 인구 20만 명 규모의 세계에서 가장 부유한 도시의 하나였다고 한다.

포토시 은광 전경

은광 체험을 위해 광부복장으로 갈아입은 일행들

포토시의 은광은 현재도 세계적인 명성을 유지하고 있는데 실제 영업 중인 은광에서 관광객들을 받아준다.

갱도의 깊이가 4천 미터까지 된다고 해서 좀 불안했지만 일행 중에 안가겠다고 하는 사람이 한 사람도 없어 하는 수 없이 나도 따라 나선다. 은광 탐사 중 갱도 안에서 다치거나 죽더라도 은광의 책임이 아니라는 서류에 서명을 한 우리 일행은 광부와 똑 같은 복장으로 갈아입는다.

광부들은 갱도에 들어가기 전에 대지의 신인 파차마마에게 코카와 담배를 바친다. 광부들의 안전을 지켜달라는 기원의 뜻이 담겨 있다. 갱도 입구에서 우리 일행도 포토시 은광의 광부들처럼 대지의 신인 파차마마에게 사 가지고 온 코카 잎을 바친다. 관광적인 측면으로 보면 광산 인근의 주민들이 운영하는 코카 상점과 담배 가게의 매상과 수입을 올려주는 일이기도 하다.

머리에 장착한 안전모와 헤드라이트에 의지하여 우리 일행은 한 시간 이상을 실제 갱도로 내려간다.

은광 광부가 안전을 기원하는 의식을 거행하고 있다

은광 탐사는 광부들이 일하는 갱도 안에서 진행되기 때문에 사고 위험이 늘 도사리고 있다. 몸을 겨우 비집고 들어갈 수 있는 크기의 갱도와 칠흑 같은 어둠 속에서 갱도가 금방이라도 무너져 내릴 것만 같은 두려움에 휩싸인다.

갱도 탐사는 생전 처음 해 보는 경험이지만 포토시 은광 탐사가 처음이자 마지막이 될 것 같다. 갱도 안에서 은광석도 실제 채집한 후 올라 나오니 안도의 한숨이 절로 나온다.

호텔에 돌아와 보니 푸노에서 헤어진 브랜트 커플과 줄리 커플이 와 있다. 2~3일 만인데도 무척 반가워 포옹으로 호들갑을 떨며 서로 반긴다. 우리가 내일 가야할 코스를 이 두 커플은 거꾸로 돌아왔다고 했다.

저녁은 포토시 시내의 한 유명한 카페에서 스테이크를 시켜 먹었다. 일행들이 모두 배고파 했지만 주문한 스테이크는 한 시간이나 잡담을 나눈 후에 나왔다. 오늘 저녁에는 바네샤가 와인을 사겠다고 했는데 중간에 칭용이 나서서 자기가 사겠단다. 가이드 카레나의 사촌 여동생이 동행하고 있었는데 그 영향이 큰 것 같다. 이름이 기셀라라는 이 아가씨는 이탈리아에서 1년을 유학한 경험이 있어 이탈리아어가 유창하고 칭용 역시 이탈리아어를 1년 공부했다는데 제법 잘 한다. 3년 반이나 이탈리아에서 거주한 경험이 있는 내가 이탈리아어를 제일 못한다.

일행이 시킨 스테이크 중에 우연히 내 것이 가장 멋진 모습으로 나왔다. 이 식당의 스페셜 메뉴로 시켰는데 그게 적중한 것이다. 모두 내 스테이크에 군침을 흘린다.

고기의 양은 왜 이렇게 많은지. 푸노에서 부터 술 한 잔 할 때면 '위하여!'라는 구호를 가르쳐 줬더니 저녁때마다 술만 나오면 "위하여!"를 외쳐댄다.

그러고 보니 우리의 "위하여"는 힘이 차서 구호로서는 그만이다. 모두들 나보고 매번 선창하라고 해서 힘차고 분명하게 "위하여"를 우리말로 외치니 기분이 좋다.

볼리비아는 물가가 많이 싸다. 스테이크를 시켜봐야 우리 돈 7~8천원 내외이고 와인 한 병 역시 같은 값이면 즐길 수 있다. 그래서 우리 일행은 저녁마다 파티를 즐기는 것이나 다름없다.

이런 분위기로 2주 이상을 가깝게 같이 여행을 하니 격의가 많이 없어졌다. 식탁에는 브랜트 커플 일행의 가이드가 동석을 했는데 이 친구가 재미있다. 볼리비아는 한 남자가 여자를 네 명까지 거느릴 수 있다며 옆에 앉은 바네샤에게 밉지 않은 모습으로 들이댄다. 바네샤 역시 진담 반 농담 반으로 이 친구의 말을 거든다. 모처럼 스테이크를 배불리 먹고 와인까지 몇 잔 걸쳤더니 피곤과 졸음이 함께 몰려온다. 일행을 독촉하여 호텔로 돌아와 바로 잠에 떨어진다.

▼ 은광 체험관광객들을 위한 안전모

◀ 포토시 은광의 광부들
▼ 주전 박물관

21일차: 1월 6일

나 홀로 여행과 나 홀로 식당

소금사막 우유니Uyuni로 떠나는 날이다.

오전에 포토시 시내 관광을 했다. 아카이브 겸 박물관을 둘러봤는데 스페인이 남미를 점령한 후 주조소의 역할을 한 곳이다. 스페인 점령자들은 포토시의 은광을 활용하여 이곳에 주조소를 세웠다. 당나귀들이 끄는 동력을 사용하던 시절부터 증기와 전기를 이용한 시설들이 실제 그대로 전시되어 있어 이채로운 장소다.

한 시간 반 정도의 박물관 관람을 끝낸 후 거기서 거기인 성당 한 군데를 더 거쳐 버스에서 먹을 점심 용 스낵을 준비하기 위해 시장을 둘러본다. 예정대로 일행은 12시에 우유니 행 버스에 올랐다.

그런데 뜻밖에 버스 안에 한국 아주머니처럼 보이는 분이 앉아 있다. 한국 사람이냐고 물었더니 그렇단다. 코이카KOICA 지원으로 도미니카에서 3년간의 근무를 마치고 두 달 일정으로 남미여행중이란다. 여자 혼자 대단하다. 짐도 달랑 배낭 하나다. 나중에 대화를 해보니 남미로 봉사오기 전에는 피아노 전공으로 대학 강사를 했었다고 했다. 2월 중에 한국에 들어가면 강사 자리를 다시 알아봐야 한단다.

버스는 6시간을 구불구불 달려 우유니에 오후 6시에 도착했다. 오늘은 저녁 먹고 호텔에서 쉴 일만 남았다. 그런데 막상 호텔에 도착해보니 시설도 부실하지만 인터넷이 안 된다. 나중에 식당에 가니 거기서 비로소 인터넷이 작동된다.

식당은 미국의 보스톤에서 왔다는 크리스라는 젊은 친구가 현지인과 결혼해서 운영하고 있었다. 그런데 신통하게도 칭용이 크리스가 보스톤에서 왔는지를 억양만 듣고 얼른 알아차린 것이다. 칭용이 보스톤에 본사를 두고 있는 한 다국적 회사에 오랜 근무한 탓이란다. 그래도 지역별로 그런 정도의 방언이 있는지 처음 알았다. 나는 과거에 미국 동부의 뉴욕에서 5년을 거주한 적이 있어 동부 발음과 남부 사투리의 차이 정도는 정확하게 집어 낼 수 있다.

칭용이 맥주를 한 병 시켜주어 마시고 있는데 먼저 와서 피자를 먹고 있던 바네샤가 호들갑을 떨며 소란을 피운다. 맥주를 그렇게 마구 따르는 사람이 어디 있냐면서 맥주잔을 뺏더니 잔을 기울여 따라준다.

'그래. 나는 클럼지 가이Clumsy Guy였지. 마누라가 옆에 있었어도 같은 핀잔을 들었을 거야.'

나도 모처럼 피자를 시켜 저녁을 먹고 맥주 한 병 더 시켜 일행들과 어울려 즐겁게 식사를 했다. 식사하면서 랩탑 컴퓨터의 사진을 일행에게 보여주며 마누라 자랑, 아이들 자랑을 했더니 처음엔 관심

우유니소금사막에 전시된 증기기관차 잔해

있어 하다가 금방 심드렁해 한다.

'아, 그렇지! 누가 남의 일에 그렇게 관심이 있겠어.'

동서양을 막론하고 자식 자랑, 마누라 자랑은 팔불출에 속하고 그래도 꼭 하고 싶으면 밥 사면서 그것도 심드렁하면 그 위에 웃돈까지 얹어주면서 해야 되는 게 세상 이치다.

그동안 2인1실 조건임에도 불구하고 일행이 홀수여서 늘 독방을 썼었는데 오늘은 칭용이 내게로 붙어왔다. 실은 며칠 전부터 그런 시도를 계속해온 것을 내가 막았었는데 오늘은 결국 붙어온 것이다. 영국 친구 필립과 같이 한 방을 쓰며 지내는 것이 영 불편했던 모양이다.

　그러나 뭐 어쩌겠는가. 내가 코를 곤다는 것과 새벽 일찍 깬다는 것을 얘기했더니 괜찮단다.

　잠자리에 들기 전 앞으론 취직을 안 할 거냐고 물었더니 좋아하는 일 하면서 살겠단다. 좋아하는 일이 무어냐고 했더니 역사 공부란다. 그것도 '위크 리더십Weak Leadership'에 관한 것이란다. 이를테면 고르바초프나 노태우의 리더십이 권력 이양이나 민주화에 기여한 정도 등에 관한 것들이다.

　이 친구, 우리 역사나 현실 정치 사정에 관해서도 나보다 더 많이 꿰뚫고 있다. 나이를 물으니 59년 생 이라니 이제 쉰을 좀 넘긴 나이다.

　나는 이런 와중에 또 잠에 빠져든다. 여행 중에 잠을 잘 들이는 것도 건강한 여행을 위해서는 큰 복이 아닐 수 없다.

▲ 주전 박물관에 전시된 고대 해시계

▼ 바네샤와 일부다처제에 관해 논쟁중인 현지 가이드

우유니 소금사막 인근 초원의 알파카 무리

22일차: 1월 7일

우유니 소금 사막

하루 온종일 우유니 소금사막 투어를 끝내면 저녁 9시에 아르헨티나로 넘어가는 버스를 타야하기 때문에 아침에 일어나 체크아웃을 해 짐을 스토리지에 맡긴다.

그러나 우유니 염호 투어는 아침 열시에 시작되기 때문에 아침 식사 후 시간이 남아 인터넷을 여기저기 서핑한다. 그런데 서울의 아내 건강검진 결과가 좋지 않은지 아내로부터 걱정스러운 메일이 왔다. 마음이 무거워진다.

'건강해야 할 텐데…'

랜드 크루저 두 대에 나누어 탄 일행은 투어를 출발한 후 한 시간여 만에 첫 목적지인 소금마을에 닿았다. 이 마을에서는 여기저기 널려 있는 소금을 원시적으로 가공해서 한 포대에 겨우 볼리비아노 20센트씩 받고 볼리비아는 물론 남미전역에 공급하고 있단다. 마을이 온통 천연 소금으로 뒤덮여 있지만 가격을 제대로 쳐 받을 수 없는 마을 주민들의 모습은 가난에 찌들대로 찌들어 있어 우리 모두를 안타깝게 한다.

 우리 일행을 나누어 태운 두 대의 랜드 크루저는 서로 경쟁하듯 앞서거니 뒤서거니 반복하면서 소금사막 위를 전력으로 질주한다. 사막에 들어서니 지평선이라고 해야 할지 수평선이라고 해야 할지 모를 소금 평원이 아득하기만 해 그 끝이 보이지 않는다. 마침 날씨마저 좋아 소금 사막이 눈부시기 그지없다.

 그 옛날 지각변동으로 솟아 오른 바다가 빙하기를 거쳐 녹기 시작하면서 거대한 호수가 생겨난다. 길고 긴 세월동안 건조한 기후가 호수의 물을 증발시킨다. 물이 증발된 후 소금 결정만 남아 만들어진 사막이 바로 우유니 소금 사막이다.
 소금 사막의 크기는 만 2천 평방km, 평균 깊이가 80m나 된다고 한다. 이 거대한 규모의 염호가 비가 내려 물로 살짝 뒤덮이면 하늘과 구름이 염호에 투영되어 기가 막힌 장관을 연출하기 때문에 지구상에서 가장 큰 거울로 불린단다.
 우유니 소금사막은 지금은 볼리비아 내륙 한 가운데의 염호이지만 빙하기 이전 남미의 여러 섬들과 섬 사이의 바다가 융기된 후 빙하기를 거치면서 지금과 같은 거대한 남미 대륙이 형성되기 전까지는 이곳은 바다였다고 한다. 볼리비아는 대부분 해발 3천 미터 이상의 고지에 형성되어 있기 때문에 우유니 염호 역시 해발 3천 미터가 넘는 곳3,653m에 위치해 있음은 물론이다.

한 시간여를 달렸을까. 끝이 보이지 않던 소금 평원 너머로 선인장으로 뒤덮인 페스카도르 섬이 다가온다.

어부의 섬이라는 뜻이라는데 우리 일정은 이 섬을 탐사한 후 점심을 이곳에서 먹고 돌아가는 것으로 되어 있다. 그런데 이번에는 우리 일행 네 명이 타고 있는 랜드 크루저가 고장이 났다. 운전기사가 한참을 노력해도 시동이 걸리지 않고 있는데 앞서 갔던 랜드 크루즈가 빈차로 돌아와서 우릴 태워간다. 일행의 불만이 최고조에 달한다. 볼리비아에 대한 신뢰도 엉망진창이 되었다.

어부의 섬에 자생하고 있는 선인장

일행은 선인장이 아름다운 페스카도르섬을 한 바퀴 돌아본 후 점심을 먹는다. 우리 일행의 식사는 치킨 위주의 식사였으나 옆의 여

▲ 하늘과 맞닿아 있는 우유니 소금사막

▼ 비가 살짝 와서 거울이 된 우유니 소금사막. 1년에 몇 번만 볼 수 있는 행운이란다.

▶ 어부의 섬 안내 표지판
▼ 우유니 소금사막 질주용 지프차

행사 팀은 라마 고기를 현장에서 구워 먹고 있어 군침을 돌게 한다. 우리 일행은 점심을 간단히 끝낸 후 기념 촬영을 한다. 기념 촬영을 끝낸 후 로빈 커플이 호텔에서 빌려온 것이라며 장난감 같은 공룡 모형을 내 놓는다.

이 작디작은 공룡 모형을 카메라 앞에 바짝 붙이고 사람들을 일정한 거리에 배치한 후 사진을 찍으니 흡사 공룡의 입안에 사람이 들어가 있는 모습이 연출된다. 사람들은 공포에 질린 모습, 도망치는 모습, 공룡과 싸우는 모습 등을 연출하며 즐거워한다. 소금사막에 장애물이 전혀 없어 가능한 연출이라고 한다.

네 시가 조금 안된 시간에 일행은 귀로에 올랐다.

지금과 같은 우기에는 보통 비가 와서 10cm 정도 소금 위에 고여 있다고 하는데 우리가 방문했을 때는 물이 염호 전체에 고여 있지는 않았지만 운 좋게도 좋은 날씨 덕택에 소금사막의 장관을 구경할 수 있었다.

그런데 한참을 달렸을까. 피로감에 잠시 졸았나 싶었는데 소란스러운 소리에 깨어났다. 깨어보니 바로 눈앞의 소금 사막에 물이 고여 있고 이곳에 멀리의 산과 구름이 반사되어 장관을 연출하고 있다. 이 장관을 모두들 카메라 렌즈에 담느라고 난리 북새통이다. 참 아름다운 광경이다.

랜드 크루저의 시속은 평균 80km이었는데 두 시간여를 드라이브하여 원래의 출발 장소로 돌아왔으니 소금사막의 규모가 어느 정도인지를 짐작할 수 있을 것이다.

▲ 우유니 소금 판매 농가와 그 가족들
▼ 우유니 소금 사막을 함께 탐사한 일행들과의 기념사진

볼리비아 179

돌아오는 길에 소금으로 지어진 호텔도 잠시 들렀는데 이 소금 호텔은 소금으로만 지어진 호텔이자 우유니 사막 안에 있는 유일한 호텔이라는 희소성 때문에 여행자들이 꼭 거쳐 가는 코스란다. 소금 호텔에서 숙박을 하지 않더라도 화장실도 볼 겸 커피도 한 잔하며 쉬어가기 위해서 여행자들이 들러 가기 때문이다. 귀로의 절반쯤은 거의 폭풍우 수준의 바람이 불고 천둥번개가 몰려왔다.

▲ 소금 사막을 함께 질주한 현지 아가씨와 함께

그나마 귀로에 맞은 상황이니 운이 참 좋은 하루였다.
호텔에 돌아와 저녁을 간단히 먹고 맡겨놓은 짐을 찾아 정리한 후 버스 정류장으로 가니 이번에는 아르헨티나 국경 행 버스가 연발이다. 일행의 불만은 극에 달해 통제가 되지 않는 수준으로 분출된다. 30분 이상 늦게 온 버스를 타고 밤을 새워 아르헨티나 국경으로 향한다.

얼마쯤 달렸을까, 쌀쌀한 느낌에 버스에서 잠시 깨어났는데 밖에 보이는 은하수와 왕 눈처럼 크게 보이는 별들이 장관이다.
'거참! 여기 남미도 지난봄에 여행했던 아프리카처럼 무공해 하늘이라서 매일 같이 은하수가 장관이었을 텐데 어찌 오늘 밤에서야 이

런 장관을 처음 접한단 말인가!'

생각해 보니 아프리카에서는 텐트의 중앙이 하늘로 뻥 뚫린 캠프사이트에서 매일 밤 야영을 했었고 이곳 남미 여행 중에는 매일 밤 호텔에서 묵어 하늘을 볼 수 없었던 차이 때문이었다.

▲ 우유니 소금 사막 안에 세운 소금호텔의 식당 모습
▼ 우유니 소금호텔의 관광객과 함께한 필자

▲ 우유니 소금 사막 안에 세운 소금호텔 밖의 식탁
▼ 우유니 소금 사막 안에 세운 소금호텔의 조형물

아르헨티나

23일차: 1월 8일

지옥에서 천당으로

날이 훤해져 깨어나 보니 동이 터오고 있다.

볼리비아의 산하는 여전히 원시적이다. 정제되지 않은 원시의 모습이 그대로 지켜지고 있다. 구불구불한 강과 비포장의 도로. 카메라만 들이 대면 한편의 서부영화가 금방 제작될 것 같은 분위기다.

우리 일행을 태운 버스는 연발했음에도 불구하고 아침 일곱 시 경에 볼리비아와 아르헨티나의 국경도시 빌라손Villazon에 닿았다.

버스에서 짐을 다 내릴 때까지 아르헨티나 가이드는 나타나지 않는다. 일행은 볼리비아 가이드, 카리나에게 주어야 할 팁으로 의견이 분분해 진다. 페루의 가이드, 유리에게는 굉장히 호의적이었던 일행은 카리나에게는 이래저래 불만이 하늘을 찌르고 있다. 카리나의 서비스는 유리의 그것에 비해 너무 형편없었기 때문이다.

결국 서비스라는 게 정성과 진정성을 다할 때만이 고객을 움직일 수 있는 법이다.

나도 당초에는 20불을 팁으로 주려고 준비했으나 일행 모두가 훨

볼리비아에서 아르헨티나로 넘어가기 위해 국경검색대에 늘어선 관광객들

씬 낮은 수준을 준비했다고 해서 우리 일행을 위해 팁을 거두고 있는 칭용에게 100볼리비아노 즉 미화 14달러 정도를 주고 말았다. 그나마 매리앤 같은 경우는 전혀 줄 생각이 없다며 입을 닦아 버린다. 카리나에 대한 불만은 어제 저녁 투어 평가서를 돌릴 때부터 만만치 않았다.

이런 와중에 때 마침 아르헨티나 가이드와 운전기사가 나타나 우리 일행은 카리나와 헤어져 인근의 국경 검문소로 향한다. 국경에는 출국 프로세스를 위한 줄이 장사진이다. 우리는 한 시간 이상을 이곳에서 출입국 수속을 한 후 아르헨티나로 넘어왔다.

아르헨티나 경우는 입국 수속이라기보다는 세관 검사였는데 여행자들의 가방을 일일이 열어 손으로 뒤져 검사를 한다. 요즈음 그 흔

하디흔한 엑스레이 투시기를 이곳에서는 왜 활용하지 않는 걸까. 설마하니 아르헨티나의 국력이 엑스레이를 국경에 설치할 수 없을 정도는 아닐 테고.

나중에 안 사실인데 빈곤을 벗어나기 위해 브라질, 아르헨티나, 페루 등의 인접국으로 이주하는 볼리비아 사람들이 늘어나면서 이들의 불법 체류 문제가 아르헨티나를 포함해 이들 인접국들에게 심각한 현안이 되고 있기 때문이라고 한다.

매년 국경을 불법으로 넘는 볼리비아 인구가 하루 평균 1천 명을 넘어 인접국에 거주하는 사람들이 200만 명에 달하고 있다고 한다. 볼리비아 입장에서는 이들의 자국 송금액이 볼리비아 전체 수출액의 30%를 차지하는 막대한 규모로서 볼리비아의 전체 수출액이 연간 약 36억 달러 규모인 점을 감안할 때 그 기여도가 엄청나다고 할 수 있다.

아르헨티나 국경검색대

아무튼 우리는 아르헨티나로 넘어와 처음으로 우리 일행 전용의 미니버스에 오른다. 에어컨이 되는 최고급 버스다. 매리앤은 "지옥에서 천당으로 왔다"며 좋아한다. 짐을 모두 싣고 9번 도로를 달리는데 포장이 잘되어 있어 페루나 볼리비아의 도로와는 비교가 안 될 정도로 승차감이 좋다. 그리고 왜 이렇게 환경까지 달라 보인단 말인가! 아르헨티나는 페루와 볼리비아에 비교하면 엄청나게 발전된 선진국 느낌이 든다.

▲ 우마우아카의 제단

우리 일행은 국경 도시인 라 퀴아카La Quiaca에 들러 잠시 구경을 한 후 점심식사를 했다. 이 도시는 아르헨티나라기보다는 아직까지 볼리비아 향취가 물씬 풍기고 있다. 알파카 제품들도 많이 팔고 있고. 나는 쇼핑에 전혀 관심이 없었는데 아내가 알파카 얘길 남미 다녀온 친구한테 듣고 e메일을 보내와 스웨터 두 개를 골랐다. 100% 알파카 털이라고 해서 샀는데 현지 가이드에게 보여주니 알파카 함량을 잘 모르겠단다.

그러고 보니 라파스의 알파카 전문 상점에서 스웨터 가격이 4~500 볼리비아노 정도였던 생각이 난다. 그러니 4~50페소의 물건들은 당연히 순 알파카 제품일 수가 없을 터이다. 물건을 사고 또 기분이 언짢아 진다.

이런 걸 마케팅 용어로 '인지부조화 경험'이라고 학생들한테 매

우마우아카 전경

학기 가르치면서도 내가 당하고 있으니 스스로에게 한심한 생각이다. 마케팅에서 '인지 부조화'란 "구매한 물건에 대해 구매 후 후회하는 현상"을 말하는데 이 경우 소비자들은 환불이나 교환을 하게 되며 이것이 불가능한 경우 자기합리화 과정을 거쳐 만족을 추구하게 된다.

우리 일행은 이 작은 마을의 성당을 한두 군데 돌아 본 후 우마우아카의 한 호텔에 들어와 여장을 푼다.

좀 이른 체크인이긴 하지만 밤새 버스에 시달려 왔으니 샤워도 하고 짐도 정리하며 모처럼 한가로운 오후를 보낸다. 호텔 시설도 시골치고는 아주 좋은데 문제는 인터넷이 되질 않는다. 그러나 호텔 시설만큼은 비데까지 갖추어져 있어 유럽 수준이다. 수돗물 역시 그냥 먹어도 좋을 만큼 수질이 좋단다. 더 이상 돈 주고 구입한 물로 양치를 하지 않아도 되는 것이다. 페루와 볼리비아에서 양치질까지도 돈을 주고 구

우마우아카에 지천으로 널려 있는 선인장 풍광. 사람 키를 넘기는 것들이 즐비하다

선인장과 필자. 선인장의 규모를 가늠케 해준다.

▲ 우마우아카 기념탑

입한 물로 해야 한 것과는 천지차이다.

　가이드가 여행보험증명서를 챙겨 달라고 했는데 아무리 찾아도 나오질 않는다. 분명히 페루의 가이드, 유리에게 준 것 까지는 기억이 나는데 어쩔 수 없지 뭐. 유리에게 연락해서 좀 알아봐 달라고 할 수밖에. 아님 서울의 아내에게 알아보던지. 그나저나 인터넷도 안 되고 휴대폰도 먹통이 된지 벌써 여러 날 째고. 서울 소식이 많이 궁금하다. 전화나 문자도 많이 와 있을 텐데.

　모처럼 한가한 오후를 보내며 그 동안 사진기에 그냥 저장해 두었던 사진을 모두 노트북에 다운받는다. 그런데 이번엔 노트북 용량이 부족하단다. 잡스런 프로그램들이 많이 다운되고 또 사진도 1,200만 화소로 찍은 탓이다. 사진 화소 수를 줄여야겠다.

　저녁은 이웃 타운으로 가서 먹는다. 아르헨티나의 국경일을 맞아 백 팩커들이 주로 부에노스아이레스에서 많이 몰려와 있다. 아르헨티나는 오후 시에스타를 여전히 즐기고 있는 나라이기 때문에 저녁 식사를 여덟시부터 시작한다. 그러나 여덟시 훨씬 넘어 식당에 도착했는데도 아직 식당이 준비가 되지 않았다며 기다리게 한다.

▲ 식당의 아름다운 내부. 예술성이 돋보인다.

그러나 식당은 아주 훌륭하다. 우리 일행이 입장한 후 조금 지나니 사람이 꽉 찬다. 모처럼 한가한 마을에서 쉬어 가는 김에 아주 푹 쉬어 가자면서 바네샤가 레드 와인을 한 병 시킨다. 로빈도 큰 병으로 맥주를 한 병 시키고. 아르헨티나 북부에는 라마를 많이 키운다. 그래서 나는 라마 스테이크를 시켰다. 맛은 있었는데 얼마나 고기가 질기던지. 결국 중간에 포기하고 고기를 남겼다.

서양 사람들은 전채나 수프를 남기는 경우는 있어도 설탕이 듬뿍 들어가 돌체로 된 디저트는 남기는 법이 없다.

나도 모처럼 이곳 특산품이라는 치즈에 잼을 얹은 디저트를 시켜 보았다. 그런데 이게 참 맛있다. 내일 아침 일정은 이 동네의 유적인 푸카라Pucara를 돌아보는 것으로 되어있지만 필립을 제외한 일행 모두가 그 일정을 포기하고 아침 10시 반까지 푹 쉬기로 한다. 와인을

전망으로 재수가 좋아진다는 선인장 꽃

곁들인 모처럼의 풍요로운 만찬으로 한껏 기분이 좋아진 나는 호텔로 돌아와 편안하고 포근한 분위기에서 깊은 잠에 빠져 든다.

라 퀴아카 기념품 판매시장

24일차: 1월 9일

틸카라의 푸카라

아침에 일어나니 일곱 시다. 남미 여행 중 비교적 잘 잔 하루다. 보통 새벽에 한 번 깨면 뒤척이다 다시 잠이 들어 깨어나면 아침 여섯 시쯤 일어나는 게 내 수면 습관이기 때문이다. 호텔 체크아웃을 위해 짐을 대충 챙겨 놓고 아침식사를 위해 식당으로 간다. 식당에서는 필립이 혼자 식사를 하고 있다.

어제 일행 모두가 푸카라 투어를 안 한다고 했을 때 필립만이 가겠다고 했었다. 혼자가기 때문에 택시를 불러서 가야한단다. 일행은 모두 아침 10시 반에 모이기로 했으니 시간이 여유로워 필립한테 나도 같이 가자고 한다. 필립도 물론 좋다고 하고.

둘이는 택시를 불러 타고 이웃 타운인 우쿼아를 거쳐 푸카라까지 갔다. 택시에는 이미 현지인 두 명이 타고 있어 합승을 했다. 우리가 푸카라를 돌아볼 시간은 30분밖에 되지 않기 때문에 택시를 대기시킨다.

푸카라는 의외로 경치가 빼어난 곳이었다. 푸카라 공원 안에는 사

▲ 산호 정 공원의 "틸카라의 푸카라

▼ 콜로라도스 풍경

람의 키를 넘는 선인장들이 즐비하게 서 있어 매우 이국적인 아름다움을 연출하고 있다. 이곳은 아름다운 선인장 군락지로도 유명하지만 실은 선사 시대의 주거지로 더 유명한 곳이다. 공원 안에는 돌로 된 움집터들을 복원해 놓고 있었다.

어제 저녁 먹으면서 틸카라라는 이 볼품없는 작은 타운에 웬 백팩커를 포함한 여행자들이 이렇게 많이 몰려와 있을까 하고 궁금해 했는데 바로 이런 빼어난 경치와 유적이 있기 때문임을 비로소 알았다.

급한 걸음으로 공원 관광과 사진 촬영을 끝낸 필립과 나는 대기하고 있는 택시를 타고 호텔로 돌아왔다. 일행은 모두 떠날 채비를 하고 기다리고 있었다. 시간은 정확히 10시 30분. 다행이다.

미니버스에 올라 한 30분쯤 달렸을까. 푸르마마르카Purmamarca라는 타운에 도착해 차를 세우고 로스 콜로라도스Los Colorados 산책을 시작한다.

그런데 이 타운 참으로 예쁘다. 나중에 알고 보니 타운 전체가 유네스코 지정 자연유산이란다. 여기야 말로 카메라를 들이대면 그대로 한 편의 서부영화가 제작될 것 같다. 여기서 일행은 뿔뿔이 흩어져 아래 동네인 타운에서 만나기로 하고 헤어진다. 따로 떨어진 나는 타운의 전통시장을 돌아본 후 샌드위치 가게에서 샌드위치 밀라네제를 한 개 시켜서 일행이 모이기로 한 약속장소로 가다가 한국 여고생과 마주쳤다.

얼마나 반갑던지. 이 학생은 부에노스아이레스에서 주재 근무 중인 부모님을 따라 그곳에서 학교를 다니고 있다고 했는데 현지의 국경일을 맞아 이곳까지 여행을 왔다고 했다.

 일행과 다시 만나 한 시간 이상을 이곳에서 머문 우리는 살타를 향해 버스를 타고 질주한다. 길가의 원시적인 모습의 강가에는 주말을 맞아 많은 사람들이 들놀이를 나와 있다, 텐트를 친 사람들도 있고, 철엽을 하는 사람들도 있고, 물살 빠른 냇물에서 미역 감는 사람들도 있고. 우리의 5~60년대를 되돌아보는 듯해 향수에 잠기게 하는 풍경들이다.
 살타가 가까워지자 초록 색깔이 풍요로워 진다. 그동안 3천 미터 이상의 고지에서만 여행하다가 해발 고도가 2천 미터 이하로 떨어진 탓이다. 드디어 '어드벤처'에서 '백 투 노멀'로 돌아온 것이다. 살 것 같다.
 창밖으로 보이는 아르헨티나 북부의 모습은 풍요롭기 그지없다. 특히 볼리비아, 페루의 그 것에 비교하면 천지 차이다. 광활한 들판에는 담배와 사탕수수 밭이 드넓게 펼쳐져 있는데 특히 이곳의 사탕수수는 주로 펄프용이란다.
 살타는 아름답고 조용한 도시다. 지진 피해를 줄이기 위해 건물들도 모두 나지막하게 지어져 있어 한 결 같이 예쁜 모습들이다. 우리가 묵을 호텔도 시내 중심가에 있지만 쾌적하고 조용한 분위기다. IT환경도 괜찮아 호텔 안에서 인터넷이 모처럼 연결되어 서울 소식을 접한다.
 우리 일행은 여덟시에 모여 스테이크 하우스로 저녁을 먹으러 간

▲ 콜로라도스의 고목나무
▼ 여행 중 콜로라도스에서 사망한 여행자들을 추모하는 기념비

다. 이토록 늦은 시간인데도 우리가 첫 손님이다. 아홉시가 넘어서야 사람들이 몰려오더니 이내 식당이 꽉 찬다.

한 낮이 몹시 더워 시에스타를 즐기던 이탈리아·포르투갈·스페인 등 남부 유럽의 라틴 문화의 정수를 그대로 받아들인 모습이다.

뜨거운 날씨의 한 낮에 와인을 곁들여 식사를 하면 자연스레 낮잠에 떨어지게 된다. 저녁 역시 늦게 떨어지는 태양을 피해 늦게 시작해서 밤이 이슥하도록 왁자지껄하게 즐기는 게 라틴 사람들의 식사 습관이다. 그래서 그런지 라틴 사람들의 삶은 늘 즐겁고 건강하다.

스테이크 하우스는 음식

을 맛있게 하는 집이다. 라틴 풍의 인테리어도 인상적이다. 특히 천정이 높아 쾌적하다.

　더운 지방들은 방한을 위한 보온에 신경 쓸 필요가 없기 때문에 천정이 높아 쾌적한 것이 특징인데 특히 라틴 사람들의 주거 문화가 대표적이다.

　우리 일행은 칭용의 추천대로 스테이크를 모두 시켰는데 어마어마하게 큰 스테이크가 나왔다. 미디엄 레어로 시켰더니 고기가 아주 맛있다. 오늘도 칭용과 로빈이 레드와인을 각각 한 병씩 시켜서 나누어 먹는다. 와인을 병째로 시키는 것을 내가 먼저 시작했더니 이후 저녁마다 모두 와인을 한 두병씩 시켜 나누어 먹게 되었다.

　서양 사람들은 정식 디너가 아닌 간단한 식사에서는 와인을 주로 잔으로 시켜먹는 게 습관이다.[20]

20) 프랑스, 이탈리아, 스페인, 포르투갈, 루마니아의 다섯 개국 사람들을 일컬으며 이들이 주로 이민한 남아메리카를 라틴 아메리카라고 부르게 된 이유이기도 하다.

콜로라도스의 주변 환경에 맞춰 건설된 호텔 외관

살타 산 와인도 맛이 참 좋다. 매리앤은 남은 인생을 페루 농부와 결혼하여 아만타니 섬에서 편안히 살겠다는 얘기를 입버릇처럼 되뇐다.

'이러다 정말 말이 씨가 되어 매리앤이 아만타니 섬에서 살 게 될 수도 있지 않을까.'

열시 반이나 되어 식사를 마친 일행은 비가 오는 탓인지 뭔가 아쉬워 술 한 잔 더하기로 한다. 이웃 한 바로 자리를 옮겨 맥주와 와인을 시켜 놓고 또 잡담이 오간다. 술 취한 상태로 밤이 늦어지면 우리말 대화 내용도 잘 안 들리어 피곤해지는 나는 영어 대화 속에서 피곤함이 극치로 몰려온다.

피곤을 못 이겨 호텔로 돌아가 쉬겠다고 했더니 칭용과 매리앤이 적극 말려 하는 수 없이 주저앉는다.

그러나 칭용이 시킨 살타 산 흑맥주를 더 마시다가 결국은 혼자서 일찍 자릴 떠 호텔로 돌아왔다. 오늘도 참 기분 좋게 저녁을 즐긴 날이다. 내일은 아침 아홉시 반에 모두 승마를 같이 가기로 했다. 오늘 저녁도 기분 좋게 잠에 빠져든다.

콜로라도스 봉우리에서 포즈 취한 필자

콜로라도스의 아름다운 풍광. 카메라를 들이대면 한 장면의 서부 영화가 따로 없다.

25일차: 1월 10일

살타 초원의 승마

  귀국 때 뉴욕에서 서울까지 가는 아시아나 비행기의 좌석 확보 때문에 뉴욕에 전화를 했다. 전 직장의 후배들인 지사장과 부장 모두 자리에 없단다. 현지 직원이 부장의 핸드폰번호를 알려줘 전화했더니 포워딩 메시지가 나와 다시 사무실로 전화한다.
  그나저나 내 핸드폰은 왜 신호가 떨어지지 않는 거야. 볼리비아 투어 내내 핸드폰의 시그널이 잡히지 않아 문제다. 하긴 전화국 부스를 이용해 전화를 하니 요금이 훨씬 싸서 좋긴 하다.
  사무실의 현지 직원에게 서울 돌아가는 아시아나 비행기 자리 좀 잡아달라는 메시지를 후배에게 전해달라고 하고 전화를 끊었다. 호텔로 돌아와 원고 정리하고 있는데 뉴욕의 후배한테 전화가 왔다. 그래서 스탠바이 티켓에 관한 사정을 자초지종 얘기하고 도움을 청한다. 다행히 예약 당일 서울 가는 비행기 좌석이 여유가 있는 것 같단다. 어찌되었건 서울에는 잘 돌아갈 수 있어야 할 텐데 걱정이 크게 앞선다.

아침 아홉시 반에 여행사가 호텔로 차를 보내와 두 대에 분승한다.
'글쎄. 처음 해보는 승마인데 잘 할 수 있을지.'

서양 애들한테 큰소리는 쳐 놓았지만 걱정이 태산 같다. 터프 가이가 운전하는 작은 승용차를 타고 살타 교외의 산 로렌조 라는 아주 아름다운 마을에 닿았다, 집과 정원이 모두 훌륭한 것으로 보아 매우 부촌인 것 같다. 나중에 가이드에게 들으니 살타에서 가장 부촌이란다. 집 가격을 물으니 미화 20만 달러 정도란다. 우리 돈 2억 원 정도인 집값 만으로만 봐선 이런 곳에 와 살면 사람답게 사는 모습일 것 같다.

마을의 승마장에 도착해 마구와 말을 배정받는다. 내가 초짜라고 했더니 걱정 말라며 일곱 마리 말 중 가장 순한 놈을 골라주는 것 같았다. 검은 말이었는데 이름도 "검다"는 뜻의 "에스크로Escro"라고 했다.

승마장 가이드는 초보자인 내게 몇 가지 간단한 기초 지식을 알려준다. 정지·출발·방향틀기 뭐 이런 정도다. 말들이 자기의 리드를 따를 것이기 때문에 걱정하지 말란다. 그러나 낙마 사고를 많이 전해들은 나로서는 여전히 불안하다. 그러나 승마 가이드의 말을 믿고 따를 수밖에.

막상 말에 올라 얼마를 따라가 보니 승마 역시 균형 잡는 운동의 하나라는 느낌이 온 몸으로 느껴져 온다. 균형 잡기라면 내가 어느 정도 자신이 있지! 실제로 승마 세 시간 동안 나는 한 번도 선두 그룹을 놓치지 않았다. 처음 하는 승마치곤 너무 잘 한다며 일행 모두가 나를 추켜세워 준다.

초록이 아름다운 살타

　초원의 승마장은 숨이 막히는 경치 그 자체였다. 세 시간 동안 미화 30달러 정도의 비용을 지불하고 정말 환상적인 시간을 가졌다.
　승마도 승마지만 경치가 기가 막히다. 찍은 사진을 보니 내 승마 모습이 너무 자연스러워 오랫동안 승마를 해온 사람 같다. 실제로 나는 승마 내내 선두를 유지해 '다운힐 바이킹' 당시 한 번 놀랜 일행들이 또 한 번 놀랜다.
　정말 꿈같은 세 시간이 금방 지나간다. 점심은 승마장 근처에서 스테이크로 먹는다. 시골이지만 스테이크 값이 싸고 맛있다.
　승마에서 돌아와 샤워를 하는데 항문 언저리가 따갑다. 말안장에 살갗이 스쳐 살집이 헤어진 줄도 모르고 승마를 한 탓이다. 어쩌면 지나치게 긴장한 탓일지도 모르겠다.

▲ 살타 시의 승마장
▼ 산로렌초 승마장의 말들

그런데 승마가 에너지 소모량이 이처럼 엄청난 운동인지도 처음 알았다. 나중에 안 일이지만 승마로 인한 에너지 소모가 간단치 않단다. 그것도 모르고 난 당초 6시간짜리 승마를 하자고 했었다. 피곤에 지친 나는 호텔에 돌아와 한숨을 자고도 여전히 피로에서 벗어나질 못한다.

저녁에 민속공연 겸 저녁을 같이 하기로 했지만 피곤이 겹쳐 영 내키지 않는데도 불구하고 억지로 따라 나선다.

아르헨티나 민속공연과 춤은 재미있었지만 피곤에 찌든 나는 와인 한잔도 제대로 못 마시고 겨우 견디다가 12시가 조금 넘은 시간에 자릴 뜬다.

그런데 12시가 넘은 시간인데도 우리가 가장 먼저 일어나게 되어 오히려 무안할 지경이다. 내일 아침 일곱 시에 와이너리 투어 버스가 오는 것으로 되어 있어 호텔에 돌아오자마자 짐도 못 챙기고 바로 잠에 떨어진다.

▲ 살타에서 즐길 수 있는 레포츠 안내판
▼ 휴식 중인 살타 초원의 승마 에스크로

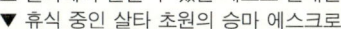

살타 초원에서의 승마 즐기기

26일차: 1월 11일

카파야테 와이너리

저녁에 버스로 밤새워 코르도바로 가야하기 때문에 여섯시에 일어나 가방 챙기고 샤워 얼른 하고 아침 대충 먹고 버스에 오른다. 와이너리 투어라고 하지만 카파야테까지 가는 길의 경치가 매우 아름답다. 이번 일정은 와이너리 투어 겸 포도농장을 왕복하며 빼어난 경관을 같이 감상하는 투어였던 것이다.

와이너리 가는 길에 좋은 경관이 나오는 곳마다 머문 우리는 오후 한 시나 되어 카파야테 와이너리Cafayate Winery에 도착했다.
간단한 와인 시음 후 와인 두 병을 샀다. 와이너리 투어를 끝낸 일행은 시내 투어를 한 후 세시나 되어 돌아오는 버스에 올랐다.
그런데 와인을 사겠다고 단단히 벼르던 바네샤는 와인을 사지 않는다. 왜 안 사느냐고 물었더니 시음을 하지 않았는데 어떻게 와인을 사느냐고 오히려 내게 반문해 온다.
어제 저녁 밤을 설친 바네샤는 컨디션이 좋지 않다며 와인 시음을

와이너리 카파에테로 가는 도중의 풍광

하지 않았었다. 반면에 나는 와이너리에서 가장 비싼 와인 두 병을 와인 테이스트 없이 그냥 샀었다. 이게 서양 사람들과 우리의 차이다.

와이너리에서 가장 비싼 와인이라고 해봤자 두 병 모두 합쳐 40달러, 그러니까 우리 돈 4만원이 조금 넘는 돈이니 컬렉션 용으로 그냥 산 것이다.

그런데도 바네샤는 오히려 "이 와인을 언제 먹으면 가장 좋을지 물어보았느냐?"고 내게 묻는다. 와인은 먹기에 가장 좋은 피크 타임이 있단다.

'이런! 우린 그냥 이런 거 컬렉션으로 보관하고 있다가 특별한 손님이나 행사가 있을 때 그냥 마신다구!'

▲ 살타의 민속공연

살타에 다시 돌아온 시간은 오후 일곱 시. 호텔에 돌아와 인터넷 검색하고 바네샤를 따라나서 스파게티로 저녁을 때우고 나니 호텔 미팅시간이 다 되었다. 급하게 호텔로 돌아와 스토리지에 보관되어 있던 짐을 챙기고 양치를 하고 나니 일행 모두가 버스를 타기 위해 호텔을 빠져 나가고 없다.

나도 황급히 따라 나섰는데 호텔 앞길 건너에 주차되어 있던 버스가 이미 움직인다. 하마터면 버스를 놓칠 뻔 했다. 사람이 버스를 못 타려면 가이드가 탑승 인원수를 헤아리지 않고 출발하거나 잘 못 카운트한 채 출발하게 된다.

이전에 그룹여행을 하면서 가끔 이런 일을 겪어 버스를 못 탄 채 남겨진 경험이 있었다.

그런데 매리앤이랑 필립이 괘씸하다. 매리앤은 좀 전 까지 내 노트북을 빌려 인터넷을 하고 있었고 필립은 내가 양치하러 화장실 갈 때 화장실

▲ 와이너리 카파예테로 가는 길에 마주친 알파카

와이너리 카파예테로 가는 길의 아름다운 풍광

을 먼저 점령하고 있었기 때문에 내가 뒤에서 버스를 안탄 줄 알았을 텐데도 버스가 그냥 출발하도록 내버려 둔 것이다.

우리 일행은 버스터미널까지 이동하여 코르도바Cordoba행 8시 반 버스로 옮겨 탔다. 같은 대중 버스라도 볼리비아의 그것과는 비교가 되지 않게 호화롭다. 2층 버스인데 비행기의 비즈니스석 같이 의자가 눕혀지는 버스다. 버스 안에 냉난방은 물론 화장실까지 갖추어져 있다.

샌드위치로 간단한 저녁까지 주고. 이럴 줄 알았으면 괜히 저녁을 먹었구나. 운전사 두 명이 교대로 운전하는 이 버스는 12시간을 달려 내일 아침 9시경에 코르도바에 도착할 예정이란다.

와이너리 카파예테로 가는 길에 마주친 계곡

27일차: 1월 12일

코르도바의 카우보이 페스티벌

버스에서 새벽잠을 깼다. 해가 뜨진 않았으나 밖이 훤하다. 살타에서 코르도바까지 1,000km나 된다고 했으니 아직 코르도바까지는 시간이 좀 남았을 듯하다. 쉽게 다시 잠을 청할 수 없을 것 같아 노트북을 꺼내든다. 한 시간여 쯤 작업을 끝내고 다시 잠이 든다.

곤하게 잠에 떨어져 있는데 누군가가 흔들어 깨워 일어나 보니 간단한 아침 스낵을 배달한다.

오버나이트 버스를 유럽과 볼리비아에서도 몇 번 타 보았지만 이렇게 아침과 저녁을 챙겨주는 경험은 처음이다.

버스는 아침 9시 반쯤 되어 코르도바 버스 터미널에 도착한다. 터미널에는 현지 가이드와 미니버스가 나와서 우릴 픽업한다. 호텔은 버스 터미널에서 미니버스로 1~2분 거리의 가까운 곳이었지만 일행의 짐이 워낙 많아 미니버스를 대절한 것 같다.

호텔은 체크인 준비가 되어 있지 않아 일행은 짐을 리셉션 에리어 의자에 아무렇게나 던져놓고 아침식사를 위해 인근의 카페로 향한

아르헨티나

코르도바의 한 성당 외관

다. 분위기가 영락없는 라틴 유럽의 한 도시다.

　이곳 코르도바의 분위기를 접하니 지난여름 남부 스페인 여행 때 잠시 들렀던 코르도바에 대한 추억이 새롭다. 이베리아 반도의 코르도바는 고대 로마 시대 때부터 형성된 유서 깊은 도시다. 대도시는 아니지만 오래된 유적과 전통적인 건축물들이 그대로 남아 있어 역사의 숨결이 도심 곳곳에서 느껴지는 아름다운 도시다. 특히나 코르도바는 이슬람 세력이 이베리아 반도를 지배하던 때에 수도의 구실을 했으므로 이슬람과 스페인 후대 문화의 영향이 강렬하게 남아 있다. 중세의 문화유산을 고스란히 간직하고 있다는 이유로 1984년 유네스코 세계유산으로 지정되어 보존되고 있는 도시다.

아침을 마친 일행은 다시 호텔로 돌아와 체크인 한다. 이번에도 칭용이 자기와 방을 같이 쓰자며 내 소매를 잡아끈다. 그런데 방에 들어와 보니 더블베드만 하나가 달랑 놓여있다. 프런트에 연락하니 저녁때까지 침대를 두 개로 분리해 준다고 해서 나는 샤워를 하고 칭용은 호텔 바로 옆에 있는 런드로매트laundromat[21] 세탁소로 간다.

코르도바 시가지 전경

우리 일행은 시내 관광을 위해 15분 후 로비에서 만났다. 에일린을 뺀 8명이 다 모였다. 칠레Chile로 여정을 잡아 우리 일행과 잠시 헤어졌던 클레어와 안드레아 쌍둥이 자매가 살타에서 다시 합류해와 우리 일행은 아홉 명으로 늘어나 있다.

---

21) 동전 삽입용 세탁기. 여행자들이 주로 이용한다.

▲ 코르도바의 한 수도원

　남미 도시의 시내는 모두 똑 같은 디자인이다. 플라자나 스퀘어가 있고 그 가운데 동상이 있다. 주변에는 성당과 시청이 있는 식이다. 도시마다 규모와 아름다움의 차이가 있을 뿐이다. 남미의 성당들은 라틴 유럽Latin Europe의 그것과 같이 아름답고 큰 규모이다. 다만 라틴 유럽의 그것보다 다소 건립 연도가 떨어지는 차이가 있을 뿐이다. 도시마다 안내되는 성당은 라틴 유럽의 그것과 같이 아름다움과 호화로움의 극치이다. 서양의 예술과 건축에는 가톨릭교회의 영향이 막대하다. 이런 점에서는 동양의 건축과 중동지역의 건축에 불교와 이슬람의 영향이 막대하였던 것과 다를 바 없다.

　두 시간 여의 시내 관광을 가이드와 함께 끝낸 우리는 쇼핑몰에서 흩어졌다. 나도 운동구점에 들러 배낭여행용의 큰 가방에 욕심을 내다가 비싼 가격 때문에 결국 포기하고 컬럼비아 아웃도어 숍에서 우의와 등산 내의를 하나씩 산다.
　남미와 같이 밤낮의 기온차가 크고 우기에 비가 자주 오는 곳에서는 꼭 필요한 물건들이라 좀 비싼 값을 치루고 샀다. 경험 상, 여행 중에 이것저것 싸구려 물건들을 사보았자 결국 몇 번 못쓰고 버리게

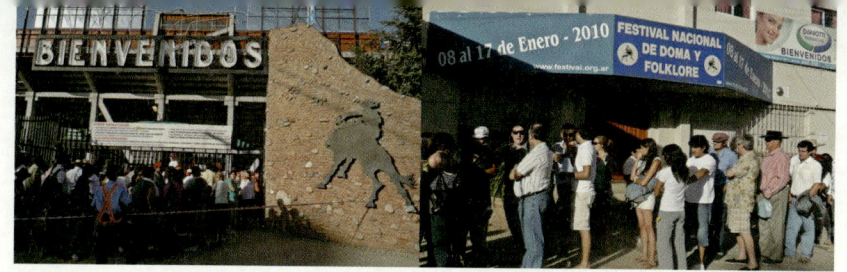

▲ 코르도바 경마축제장 개찰구

되니 차라리 하나를 사더라도 제대로 사는 게 낫다는 생각이다.

　세시가 되어 호텔로 돌아와 짐을 챙긴다. 룸메이트 칭용은 시내관광만 마치고 호텔로 돌아왔었는데 샤워도 하고 짐도 이미 챙겨 놓은 모습이다. 짐을 챙기다 보니 카우보이 페스티발을 가기 위해 예수마리아 마을을 가기로 한 다섯 시가 다 되었다.

　일행은 걸어서 버스 터미널로 가 축제장 행 버스에 올라 한 시간 반가량 이동했다. 터미널에서 만석이 된 버스는 중간 중간 사람들을 태워 입석으로 가득 찬다.

　카우보이 페스티벌로는 세계 최대 규모라더니 사람들이 많이 가긴 가는구나. 현지에 도착해보니 입장권을 사려는 관람객의 줄이 끝이 보이질 않는다. 한 시간여를 줄에 합류해 기다린 끝에 입장권을 겨우 구입한 우리 일행은 행사장 주변의 상점들을 돌아본다.

　이후 나만 칭용에 이끌리어 소고기 바비큐 집에서 저녁을 먹었다. 그런데 이 집의 고기와 와인은 기대와 달리 형편없다. 나중에 계산서를 받아보니 값은 터무니없이 비싸다.

　'그래. 여행 중에 늘 좋은 선택만 할 수는 없는 법이지.'

　자신 있게 나를 이 식당으로 이끌었던 칭용이 무안해 하는 모습이다.

　우리 일행은 약속장소에서 아홉 시에 다시 모여 행사장으로 입장

코르도바 경마축제장 스타디움 내부

을 했다. 원형경기장 스타일의 행사장은 입추의 여지없이 사람들이 빼곡하게 들어차 있다.

'어! 이거 장난이 아닌 행사이네.'

입장 후 자리도 잡기 전에 앰뷸런스의 파열음으로 장내가 시끄럽다.

'무슨 일이 있나. 행사장에서 웬 앰뷸런스?'

우린 카우보이 경기 관람을 위해 11시까지 기다렸는데 이 때 겨우 장내 아나운스가 시작되고도 한 참을 끌더니 사람들이 좌석에서 일어나기 시작한다.

일행들은 가이드와 같이 앉아 있었고 나는 좀 더 좋은 자리를 확보해 혼자 앉아 있다가 분위기가 이상해 일행과 합류하여 가이드에게 상황을 물어보니 우리가 입장할 때 낙마해서 앰뷸런스에 실려 갔던 기수가 죽었단다.

그래서 행사가 취소되었다는 것이다. 참 허무했다. 입장료는 내일 다시 오면 환불해준다고 했다나.

그러나 우리 같은 여행자가 어찌 입장료를 되돌려 받기 위해 이곳에 다시 올 수 있단 말인가. 피곤에 찌든 우리 일행이 버스를 기다려 타고 호텔로 돌아오니 새벽 1시 반이다.

28일차: 1월 13일

모터사이클 로망과 혁명가 체 게바라

오늘은 남미 혁명의 풍운아 체 게바라Che Guevara가 유년기를 보낸 알타 그라시아Alta Gracia라는 시골 마을을 방문하기로 한 날이다.

부에노스아이레스에서 태어난 체 게바라는 부에노스아이레스 의대를 졸업하고 의사로 일했었다고 했다. 그렇지만 소년시절에는 건강이 좋지 않아 부모님을 따라 이사를 많이 다녀야만 했고 알타 그라시아는 바로 그 중의 한 곳이다.

1967년 10월 9일, 볼리비아의 작은 시골마을 라이게라에 있는 한 시골 학교 교실에서 에르네스토 체 게바라는 한 발의 총성으로 짧지만 굵었던 39년 혁명가의 생애를 극적으로 마감한다.

프랑스의 문호 사르트르가 세기에 한번 나올까 말까한 완벽한 인간이라며 극찬했던 체 게바라는 아르헨티나에서 과테말라까지의 남미 전역, 쿠바에서 콩고까지의 혁명 지대, 그리고 볼리비아혁명까지를 누비며 가난하고 억압받는 사람들을 위해 불굴의 의지를 불태우

아르헨티나

체 게바라가 유년시절 살았던 집 전경

며 투쟁해온 불세출의 혁명가다.

남미대륙에서는 상대적으로 풍요로운 아르헨티나에서 테니스·골프·체스를 즐기면서 유복하게 성장한 체 게바라는 불운하게도 천식으로 평생을 고통 속에서 살아야만 했다.

체 게바라의 부모는 아들의 천식 치료에 도움을 주기위해 아르헨티나의 여러 도시를 전전하다가 건조한 기후의 안데스산맥 지역인 코르도바에 잠시 정착한다.

▲ 체 게바라 동상 앞에서 선 필자

체 게바라가 유년시절을 보낸 알타 그라시아라는 마을은 코르도바에서 자동차로 한 시간 반 정도 떨어져 있는 아름답고 조용한 동네다. 오래된 예수회 수도원과 평온한 호수가 있어 사람을 편안하게 해주는 분위기의 알타 그라시아의 아벨라네다 거리는 수수하고 조용한 곳이다. 세를 얻어 살았다는 이 거리의 체 게바라 집은 이웃에 비해 특별할 것이 없는 평범한 중산층 주택이다. 어찌 이런 배경과 환경에서 체 게바라와 같은 반항적 혁명가가 나올 수 있었을까.

그것은 다름 아닌 체 게바라가 친구와 같이 감행했던 남미 종단 여행의 영향이다. 남부럽지 않게 자란 평범한 시민 체 게바라가 자신의 이념과 사상에 따라 투쟁의 삶을 살게 된 것은 바로 이 여행을 통해 다져진 그의 강한 의지와 신념에서 비롯되었다.

1953년 남미 최고의 명문 부에노스아이레스대학에서 의학을 공부하던 체 게바라는 1951년 다섯 살이나 나이가 많은 친구 알베르토와 함께 배기량 500cc 중고 오토바이 포데로사를 구입해 남미 전역을 8

체 게바라의 친필 사인

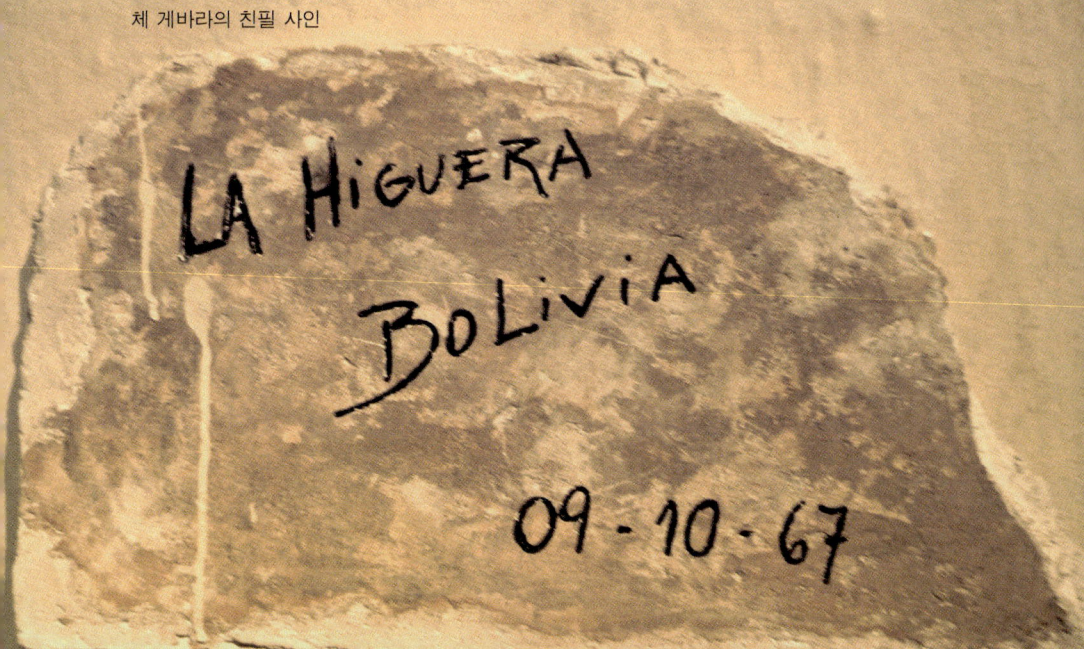

체 게바라 가족사진

체 게바라 의과대학 의사 면허증

영화 '모터사이클 다이어리'에 나왔던 것과 같은 기종의 모터사이클

개월간에 걸쳐 여행한다.

 체 게바라는 이 여정 중 혁명이 진행 중이던 볼리비아를 여행하면서 그때까지 억압받으며 살아오던 인디오가 해방되어 자유로운 분위기에서 살고 있는 모습에 큰 충격을 받는다. 그 후 체 게바라는 페루·에콰도르·파나마·코스타리카·니카라과·온두라스·엘살바도를 거쳐 사회주의 정권의 과테말라에 도착하게 된다. 이 여정은 나중에 '오토바이 남미 여행일기'라는 제목으로 출간되고 후에 이를 원전으로 한 영화 '모터사이클 다이어리'가 제작되어 개봉된 것은 우리에게도 익히 알려진 사실이다.

 당시 과테말라의 좌파 정권은 미국의 다국적 회사가 소유한 경작지를 인디오와 빈

체 게바라가 유년 시절을 보낸 집

농에게 다시 돌려주는 일을 추진하지만 미국은 정보기관을 동원해 이를 무산시키고 만다. 이를 체험한 체 게바라는 무력이 뒷받침되지 않는 혁명은 불가능하다는 신념을 가지고 제국주의 침략자들에게 남미 전체가 하나로 뭉쳐 싸워야 한다면서 이후 혁명가로서의 힘난한 길을 걷게 된다.

미국이 지원한 군부 쿠데타로 집권한 우파 정부에 반대 운동을 전개하던 체 게바라는 멕시코로 망명하여 이곳에서 카스트로와 만나 쿠바와 세계 혁명을 이룩하자며 의기투합하게 된다. 이후 카스트로를 도와 쿠바 혁명을 성공시킨 체 게바라는 이에 안주하지 않고 콩고와 볼리비아 혁명을 위해 투쟁하다가 결국 볼리비아의 작은 마을에서 혁명가의 짧은 생을 마감하게 된다.

그때나 지금이나 사람들은 여러 가지 동기와 이유를 가지고 여행을 떠난다. 그러나 여행의 결과는 체 게바라의 경우처럼 인생의 항로를 완전히 뒤바꾸어 놓을 수도 있는 것이다.

마을 구경을 끝내니 네 시가 되었고 우리는 버스를 타고 코르도바로 돌아왔다. 밤 10시 버스를 탈 때까지 시간이 남아 쇼핑센터에 가서 간단한 저녁을 먹고 쉬엄쉬엄 걸어서 호텔로 돌아오니 아홉 시가 조금 넘은 시간이다.

호텔 스토리지에 있던 짐들을 챙긴 후 걸어서 버스 터미널로 향한다. 어찌 보면 배낭을 걸머메고 이동하는 모습이 꼭 거지 떼들 같다.

이동 중에 서울의 출판사 사장한테 문자가 왔다. 서울 시간으로 오늘 아프리카 여행기가 출간된다고.

'우여곡절이 있었지만 드디어 책이 나오는 구나!'

책이 궁금하다. 남미 여행 마치고 서울 도착하면 아마도 책이 집에 배달되어 있을 것 같다.

▲ 체 게바라 기념 포스터

알타그라시아 수도원 외관 및 내부

29일차: 1월 14일

에바 페론의 무덤

　아르헨티나는 땅덩어리가 길어 장거리 행 버스가 많고 따라서 버스에는 화장실·리클라이닝 의자·에어컨·TV 등이 완벽하게 갖추어져 있다.
　밤새 달린 버스는 아침 여덟시 경에 우리 일행을 부에노스아이레스에 내려놓았다.
　부에노스아이레스의 버스 터미널은 웬만한 도시의 비행장만큼 큰 규모다. 내리고 타는 곳의 층이 다른 정도니까. 전세 버스가 우리 일행을 기다렸다가 호텔로 바로 안내한다.
　아침 이른 시간이라 체크인은 못하고 호텔에서 아침식사만 한 우리는 바로 버스에 다시 올라 시내 투어에 나선다.
　시내 투어는 알렉산드리아라는 아가씨가 맡았는데 준비가 철저하다. 지도와 그림을 준비해서 핸드백의 클리어 파일에 넣어두었다가 해설 시 필요한 때마다 시각적 설명용으로 꺼내서 활용한다.
　이탈리아 이민자들을 중심으로 유럽 이민자들이 처음 부에노스아

에바 페론 묘지의 성당

이레스에 정착한 곳인 보카La Bocca는 일종의 판자촌인데 양철로 지어진 건물들을 울긋불긋하게 페인팅 해 놓은 모습이 인상적이다.

길거리 여기저기에서는 탱고를 즐기는 사람들을 쉽게 마주칠 수 있고 길모퉁이마다 길거리 예술가들도 자유로운 영혼의 모습으로 활동하고 있어 마치 우리의 전통시장처럼 에너지가 흘러넘치고 있다.

이민 시절의 애환이 서려있는 보카의 여운을 뒤로 하고 알렉산드리아의 안내를 따라 우리 일행은 레콜레타 묘역의 에바 페론Eva Peron무덤으로 향한다.

이 묘역은 이탈리아 밀라노의 묘역을 본 따서 조성했다고 했는데

에바 페론 묘지로 가는 묘지 길

　3년 반이나 밀라노에 주재한 경험이 있는 나는 정작 밀라노 묘역은 한 번도 들러 본 적이 없다. 돌로 조성된 에바 페론의 무덤에는 꽃 한 송이가 놓여 있는 것을 빼놓고는 여느 묘역과 크게 다를 바 없는 평범한 모습의 묘역이다.
　그렇지만 에비타Evita라는 오페라까지 제작되어 그 인기가 식을 줄 모르는 그녀의 생전은 물론 사후의 명성 때문에 레콜레타 묘역은 부에노스아이레스를 들르는 여행자들의 필수 코스가 되었다.

　에바 페론은 1940년대에 아르헨티나 대통령을 역임한 후안 페론 대통령의 부인으로 그녀의 일대기가 영화와 오페라를 통해 세계적

▲ 에바 페론의 묘비명

인 인기를 얻으면서 애칭인 에비타로 더 잘 알려져 있다.

그녀는 남편인 후안 페론 대통령에게 막강한 영향력을 행사하여 소위 페론주의라는 기치아래 외국자본 추방, 기간산업 국유화, 노동입법 추진에 의한 노동자 생활수준 향상, 여성 노동자와 여성의 지위 개선 등을 강력히 밀어붙여 노동자 · 여성 · 빈민층들의 전폭적인 지지를 받았다.

그러나 불행하게도 그녀는 자궁암 등으로 34세의 젊은 나이에 사망하게 된다. 그녀의 장례식은 국장으로 성대하게 치러졌지만 그녀 사후 바로 남편 후안 페론 대통령 역시 군부에 쫓겨 망명길에 오르게 되면서 그녀의 시신 역시 그를 따라 떠돌게 된다.

그러던 중 페론주의의 부활을 염려한 군부가 그녀의 시신을 훔쳐 이탈리아에 숨겨 놓는다. 그러자 페론주의자들이 군부에 압력을 넣어 그녀의 시신을 당시 마드리드에 망명 중이던 후안 페론에게 넘기도록 한다.

1973년 대통령 선거에서 후안 페론은 에바 시절을 그리워한 노동자 · 여성 · 빈민들의 적극적인 지지로 대통령에 다시 당선된다.

정권을 다시 잡은 후안 페론은 망명지에서 재혼한 이사벨 페론을 부통령직에 앉히며 페론주의의 부활을 꾀했으나 대통령 취임 후 불과 십 개월 만에 사망하게 된다. 페론의 죽음으로 대통령직을 물려받은 이사벨 페론은 에바 페론의 관을 대통령 관저로 옮겨와 국민의 지지를 획득하고자 획책했으나 대통령이 된 지 21개월 만에 쿠데타로 권좌에서 물러나고 만다.

새 정부가 들어 선 뒤 에바 페론의 시신은 그녀가 죽은 지 24년 만에야 비로소 리골레타 묘역에 안장되어 오늘날 많은 여행자들을 불러들이고 있다.

호텔에 돌아와 정식으로 체크인을 한 후 간단한 샤워로 하루의 피로를 씻는다. 샤워 후 항공사에 스탠바이 상황을 알아보는 전화를 하느라 일행과 점심 합류 시간이 늦었다. 하는 수 없이 호텔 방 안에서 라면을 끓여 먹었는데 오랜 만에 먹는 라면 맛이 환상이다.

이런 때를 대비해서 전기 코드만 꽂으면 라면을 끓여 먹을 수 있는 전기 버너를 챙겨 왔는데 참 잘 한 것 같다. 모처럼 시간이 여유로워 서울 돌아갈 짐을 미리 챙기고 전화기, 카메라 모두 충전시키고 랩탑 컴퓨터도 충전하면서 여행기를 정리해 본다.

오늘은 8시에 다 같이 저녁 먹고 내일은 당일치기로 우루과이 관광하고 저녁은 탱고 쇼 보는 일정이 남아있다. 그리고 모래 일요일은 새벽부터 일행이 출발하기 시작한다.

'제발 비행기를 잘 탈 수 있어야 할 텐데…'

현재로서는 오버 부킹이라고는 하나 스탠바이가 나 혼자라서 여전히 희망적이긴 하다.

  서울 갈 짐을 모두 챙겨 놓고 나니 당장이라도 서울로 돌아갈 것 같은 기분이다. 한 달이 마치 꿈같이 지나긴 했지만 그래도 마누라와 집이 그립다.

  호텔에서 유료 인터넷을 시도했지만 연결이 되지 않는다. 로비에서 책 좀 보다 약속 시간이 되어 저녁 장소로 이동한다.

  고급 식당이라고 해서 기대가 컸는데 고기 맛이 살타의 돈냐 식당만 못하고 값만 비싸다. 칭용은 1kg 짜리 스테이크를 시켜놓고 절절맨다. 와인도 비싸기만 하고 맛은 별로다. 나중에 밥값을 지불하면서 계산 에피소드로 기분이 상했다. 우리 일행의 저녁 값 셈법은 그룹 전체의 계산서를 보고 알아서 자기가 먹은 몫만큼의 돈을 내는 식이다.

  그런데 돈을 모두 걷은 후에 보니 모자란다는 것이다. 이런 경우 누가 덜 낸 것인지를 파악하기가 어려워진다. 그런데 뜻밖에 옆에 앉아있던 바네샤가 나보고 디저트 값을 냈느냐고 반문한다. 내 몫으로 38페소 냈다고 했더니 어째 디저트를 안 먹은 자기보다 싸게 나왔느냐고 따진다. 참 기분 나쁜 의심이다.

  호텔 방으로 돌아와 음식 값이 모자란 이유를 곰곰 생각해 보니 칭용이 와인 값을 220페소가 아닌 120페소로 계산해서 나눈 탓인 걸 알았다. 아침에 식사하면서 바네샤에게 그 얘기를 했더니 미안하단다. 그래도 의문이 풀리지 않는 눈치이기에 내가 먹은 스테이크 값이 50페소밖에 안된다고 했더니 그제 서야 이해했다는 눈치다.

▲ 에바 페론의 무덤이 있는 묘지 입구

▲ 남미 종주를 동반한 일행과의 송별 파티

30일차: 1월 15일

남미의 파리 부에노스아이레스

아침 식사 후 필립과 함께 우루과이로 가는 페리로 향한다. 겨우 겨우 찾아가긴 했는데 가서 승선권을 살려고 보니 여권을 호텔에 두고 온 게 비로소 생각난다.

그렇지 않아도 가이드, 에일린이 여권을 챙겨야 한다고 아침 식사 자리에서 애기했을 때 난 당연히 여권을 소지하고 있는 것으로 생각했었다.

그런데 어제 저녁에 호텔의 프런트 금고에 물건을 맡기면서 여권까지 같이 맡긴 것을 깜빡 한 것이다. 이제 이런 일로 그 어느 누구를 탓해서도 안 되는 나이다.

뉴욕의 후배에게도 전화를 해보니 아시아나 항공편으로 서울 가는 것은 좌석이 충분해 별 문제가 없단다. 다행이다.

그러나 부에노스아이레스 발 아메리칸 에어 사정이 어떤지. 밖에 비는 오고 그래서 호텔 방에 앉아 아르헨티나와 부에노스아이레스에 관한 정보를 정리해 본다.

▲ '남미의 파리'라 불리는 부에노스아이레스 중심가 카페 거리 저녁 풍경

'부에노스아이레스Buenos Aires'를 직역하면 "좋은 공기"라는 뜻이지만 "모든 일을 순조롭게 해주는 순풍"이라는 의미도 담고 있다고 한다. '좋은 바람의 성모Nostra Signora di Bonaria'라는 이탈리아어에서 유래한 것인데 이탈리아 반도 서쪽 지중해의 섬 사르데냐Sardegna의 한 교회 이름에서 따온 것이라고 한다.

부에노스아이레스는 페드로 데 멘도사가 이끌었던 스페인의 원정대에 의해 1536년 2월 2일에 설립됐다.

그러나 토착 원주민들의 계속적인 공격으로 이주 정착민들이 차

레로 떠나게 되면서 1541년 이 지역은 버려지게 된다. 이후 1580년에 후안 데 가라이 라는 사람이 산티시마 트리니다드Santísima Trinidad라는 지명으로 이곳에 다시 영구적인 정착촌을 설립하게 되면서 이곳의 항구 이름을 'Puerto de Santa María de los Buenos Aires'로 명명하게 되었다.

▲ 고산증으로 잉카 트레일을 포기한 쌍둥이 자매 중의 하나인 안드레와의 탱고 포즈 기념

가라이는 보이지도 않는 황금을 찾기 전에 우선 도시다운 도시를 건설하기로 마음먹었다. 그리고 황금 대신 은이란 의미를 가진 라플라타 강 하구에 항구를 건설했는데, 이는 남미에서 산출되는 엄청난 양의 산물을 세계로 전해 줄 관문이었다.

1808년에 나폴레옹 보나파르트가 이끄는 프랑스가 스페인에 침공하여, 형인 조제프 보나파르트를 호세 1세로 임명하자 아메리카의 식민지는 왕에게 충성을 거부했다. 1810년 5월 25일에 5월 혁명이 발발하여 자치 정부가 발족했다. 1816년 7월 9일 투쿠만 의회는 부에노스아이레스를 수도로 정하고 리오 데 라 플라타 연합주의 독립을 선언했다.

1825년 브라질 전쟁 중 연합주는 아르헨티나로 개명하고, 리바다비아는 부에노스아이레스 시를 부에노스아이레스 주로부터 떼어낸 연방 직할의 수도로 정하는 헌법을 공포했다. 1853년 이 헌법을 연방 헌법으로 제정해 같은 해 아르헨티나 연방의 성립을 선언했지만, 부에노스아이레스 주는 연방파의 지배를 싫어했기 때문에, 연방은 파라나에 수도를 두게 된다. 이후 연방과 부에노스아이레스의 싸움이 반복되었지만, 1862년 11월 주지사 바르트로메 미트레에 의해 부에노스아이레스가 연방을 병합하는 형태로 통일이 이루어지면서 아르헨티나 공화국이 성립되었다.

자유주의자였던 미트레는 유럽을 숭상하였지만 가우초, 인디오, 흑인을 야만스럽다며 혐오하였다. 자유주의자의 집권으로 부에노스아이레스에서 흑인은 사라져 가게 된다.

1880년에 부에노스아이레스 주의 반대를 무릅쓰고 부에노스아이레스 시가 분리되어 부에노스아이레스는 연방직할구가 되면서, 정식으로 아르헨티나의 수도가 되었다.

▲ 부에노스아이레스 해안가 요트 정박장 주변 스카이라인

자유주의 정권은 아르헨티나 발전을 목표로 삼아 유럽으로부터 많은 백인 이민자를 받아들였다. 라이추엘로 강 하구의 항구에 접한 라 보카 지구에서는 이탈리아계 이민이 많이 모여들었고, 그들에 의해서 탱고가 발달했다. 또 수출 경제의 발전과 함께 아르헨티나에는 광대한 철도망이 건설되어 국내의 모든 철도가 부에노스아이레스의 레티로 역에 도착하게 된다.

1920년대 이후는 아르헨티나의 부를 반영하는 남미 대륙 최대 규모의 도시로 성장하자 내륙부의 여러 주에서 인구 이동이 증가하여, 도시에 진입하지 못한 인구가 교외에 거대한 슬럼가인 비쟈스 미세리아스를 형성하게 되었다.

부에노스아이레스는 오늘날 세계적으로도 인구가 가장 많은 도시 가운데 하나로 꼽힌다. 한반도의 30배에 이르는 영토에 1,200만 명이 넘는 인구가 몰려 있으니 전체 인구가 고작 4천만 명인 것에 견주면 수도 과밀화가 매우 심한 나라이다.

특이한 점은 부에노스아이레스의 낮은 생활비 때문에 2004년 이후 많은 수의 미국과 영국인들이 부에노스아이레스로 이주한 것이다.

부에노스아이레스는 아르헨티나 인구 3명 중 1명이 살고 있는 수도답게 경제·산업·문화의 중심이기도 하다. 라플라타 강을 따라 남미에서 가장 분주한 관문의 하나로, 브라질·우루과이·파라과이 등과 연결된다. 이에 따라 이곳은 남미의 물류 중심지 역할을 하고 있다.

유럽 문화의 영향을 강하게 받은 탓으로 부에노스아이레스는 남미의 파리라는 애칭을 얻었다. 부에노스아이레스는 세계적으로 유명한 테아트로 콜론이 있다.

 이곳에는 심포니 오케스트라와 합창단이 있다. 이 근방은 역사와 미술·현대미술·대중예술· 조각·장식·종교예술·극장과 대중음악·유명 예술가·작가·작곡가 등이 몰려 있는 곳이다. 또한 이곳에는 수백 개의 서점과 도서관 그리고 문화 센터 등이 밀집해 있어 책의 도시로 불리기도 하며 극장의 밀집 지역이기도 하다.

▲ 혼자서 여행하면 싱글이 된다. 남미 종주를 함께한 정말 싱글인 두 호주 아가씨들과 함께

부에노스아이레스대학은 체 게바라와 노벨상 수상자를 5명이나 배출한 명문대학으로 라카니안 학파로 대변되는 정신분석학의 메카로도 세계적인 명성을 자랑하고 있다.

 세계 여행협회에 따르면 아르헨티나의 관광산업은 2002년 이후로 지속적인 성장을 하고 있다. GDP에서 관광이 차지하는 비율은 2010년 7.3%에서 2020년 에는 8.4%로 증가할 것으로 전망되고 있다. 또한 2008년 발간된 여행 잡지 '트래블 엔 레저Travel & Leisure'는 부에노스아이레스를 이탈리아 피렌체에 이어 세계에서 가장 가보고 싶은 도시로 선정하기도 했다.

주요 관광지로서는 콜론 극장, 레콜레타 묘지 등이 있다. 플로리다 거리와 러버 제이 거리는 여행자들이 항상 넘쳐나 활기차며, 산 텔모 지구에는 바 스르, 엘 비에호 아르마센 등의 탱고 바가 많이 있어 사람들이 늘 넘쳐나고 있다.

- 아베니다 알베아르Av. Alvear : 레콜레타의 상류층 지역을 가로지르는 거리로서 5성급 호텔, 각국 대사관 그리고 고급 주택가가 밀집해 있다.
- 카미니토Caminito: 지역 예술가인 베니토 킨켈라 마르틴에 의해 다채로운 색상으로 복원된 거리
- 리베르타도르 거리Av. del Libertador: 산 페르난도까지 이어지는 25 km의 거리로서 중심가와 상류층 지구를 연결하며 유명 박물관과 공원 등이 산재해 있다.
- 마요 거리Av. de Mayo: 아르누보·신고전주의 또는 절충주의 양식의 복잡하고 기묘한 양식의 건축물이 모여 있어 마드리드·바르셀로나·파리의 건물들과 비교되는 거리이다.
- 플로리다 거리Calle Florida: 걷기 전용 거리로서 패션 중심가이다.
- 7월 9일 거리Av. 9 de Julio: 세계에서 가장 넓은 거리로 알려져 있으며 아르헨티나 독립기념일인 7월 9일에서 이름을 딴 거리이다.

정리된 정보를 바탕으로 오후에는 호텔 인근의 쇼핑가를 둘러본다. 물건들이 풍요롭다. 특히 가죽 제품이 넘치고 있었는데 모두 싸고 좋은 품질인 것 같다.

상인들이 내가 한국 사람임을 알아보고 우리 말 몇 마디씩을 건네온다. 그동안 한국 사람이 꽤 많이 다녀간 모양이다. 참 대단한 대한민국이다. 비행기로 서른 시간은 걸리는 이곳에 사람들이 얼마나 많이 다녀갔으면 우리말로 인사를 해올까. 쇼핑가를 둘러보다 보석 집에 들러 아르헨티나 산 작은 돌 하나를 흥정하다가 가격이 맞지 않아 돌아섰다. 그런데 웬만하면 잡을 줄 알았는데 잡지 않는다. 워낙 싼 물건을 흥정해서 그렇겠지! 돌은 참 예쁘던데. 이따가 다시 가봐야 하나. 아님 귀국 때 공항 면세점에서 하나 구입하나.

탱고 쇼로 대미 장식한 남미 종주 피날레

저녁 탱고 쇼 시간이 여덟 시에서 일곱 시 반으로 변경되어 우루과이로 간 바네샤 등을 뺀 일행 여섯 명은 먼저 쇼 장으로 간다.

버스는 부에노스아이레스 시내의 호텔들을 돌면서 관람객들을 모아 태운다. 쇼 장에 도착하니 상당 수 사람들이 이미 와 있어 홀이 꽉 차 있다. 자리를 잡고 음료 한 잔 하고 있으려니 바네샤 일행이 택시를 타고 도착한다.

바네샤로서는 부에노스아이레스 여행이 이번이 두 번째인데 먼저 번 여행 중에도 이곳의 탱고 쇼 장에 왔었단다. 인근에 탱고 쇼 장이 많이 보이던데 아마 이 곳이 꽤 유명한 곳인 모양이다.

탱고는 부에노스아이레스에서 탄생한 음악이다. 탱고의 선풍적인 율동은 1920년대 파리의 상류 사회에 상륙하면서 그 인기가 세계적으로 뻗어 나가게 된다. 탱고는 최초로 발생한 아르헨티나와 우루과이에서는 물론 시대에 따라 다양한 형태로 발전되어 왔다. 탱고

의상과 선율이 장소와 시간에 따른 문화적 요소들을 받아들이면서 발전되어 왔다는 얘기다. 그러나 탱고의 기본은 팔로 상대방을 멀찍이 껴안고 춤을 추면서 리드를 하거나 밀착해서 껴안고 가슴과 가슴을 맞대고 춤을 추는 형식이다.

초기의 탱고는 크리올로 탱고로 시작하여 오늘날에는 장소나 문화에 따라 아르헨티나 탱고, 우루과이 탱고, 무도회 탱고, 핀란드 탱고, 고전 탱고 등과 같이 다양한 탱고로 발전되어 가고 있다.

부에노스아이레스는 탱고를 주제로 한 영화 제작지로도 유명하다. 1897년 프랑스인 유진 피가 탱고를 주제로 감독한 영화 'La Bandera Argentina' 이후 100년 동안 아르헨티나는 영화 산업의 중심지가 되어왔다. 그리고 부에노스아이레스에서 제작된 영화는 대부분 탱고 연주자들을 주연으로 삼음으로서 탱고 댄스는 물론 탱고 음악과 연결되어 있다.

두 사람 당 한 병의 와인과 함께 제공된 저녁 식사는 기대보다는 매우 훌륭했다. 어제 저녁 거금을 주고 고급 식당에서 먹은 스테이크보다 훨씬 더 나은 식사였다고 모두 이구동성이다.

열 시가 넘어 식사가 끝나자 공연이 시작된다. 아르헨티나의 탱고는 그림같이 아름답다. 탱고 댄스도 아름답지만 머리가 하얀 중년의 중후한 연주로 듣는 탱고 음악은 참으로 탁월하다. 피아노와 첼로가 각각 한 대, 바이올린 두 대 그리고 작은 손풍금인 반도네온 네 대의 앙상블은 자신도 모르게 어깨를 들썩이게 할 정도로 신이 난다. 지휘자도 없이 이렇게 멋있는 음악이 나올 수 있다는 게 경이롭기까지

하다.

탱고를 연주하는 다른 악기들은 모두 우리에게 익숙하지만 반도네

▲ 부에노스아이레스의 유명 탱고 공연장 '라벤타나' 홍보 리플릿

온은 이번에 처음 보기도 하거니와 그 연주도 처음 접한다. 반도네온은 아코디언보다 작은 모양으로 생긴 손풍금이다. 초기에 탱고 곡을 연주한 악기는 기타·플루트·바이올린뿐이었다고 한다. 그러나 현재의 탱고 곡 연주에서 가장 중요한 악기는 피아노와 함께 연주되는 2~4대의 반도네온이다.

탱고 쇼 중간 중간에 4인조의 남미 전통 악기 연주도 있었는데 '엘 콘도 파사' 등의 남미 음악의 깊이가 그 동안 들어본 연주 중 최고의 수준이었다.

'음악을 연주하는 사람들의 모습이 어찌 이렇게 아름다울 수가 있을까.'

특히 머리 하얀 연주자들의 연륜이 음악의 선율에 그대로 묻어 나와 커다란 감동을 준다. 반도네온 연주자 네 명 중 두 명이 노인이고 나머지 두 명은 젊은이였는데 노인 두 명이 악보를 보며 연주하는 모습이 참으로 진지해 보인다. 반면 젊은이 둘은 악보를 외워 연주하는 모습으로 매우 여유로워 보인다.

평소 나는 몸치로 정평이 나 있지만 공연 내내 탱고 음악에 취해 몸을 가만히 놓아둘 수가 없다. 나중에 안 사실이지만 반도네온은 탱고 음악의 영혼이고 탱고 댄스는 반도네온에 경의를 표하기 위해 만들어진 춤이라는 말이 있을 정도라고 한다.

탱고 댄서들의 수준도 가히 예술의 경지이다. 본래 탱고는 유럽 이민자들이 향수를 달래기 위해 현지의 창녀들과 춘 것이 효시라고 들었다. 그 전에는 남자 혼자 춘 춤이었고. 남미여행의 마지막 대미가 정말 환상이다. 공연이 끝난 후 나는 이 연주자들의 탱고 CD와 남미 전통음악 CD를 각각 한 장씩 산다. 이 감동을 인천공항으로 마중 나올 아내와 딸에게 그대로 전해 주고 싶기 때문이다.

공연 관람 후 호텔로 돌아 온 우리는 서로 얼싸안고 이별을 아쉬워한다. 필립과 매리앤을 제외한 우리 일행은 내일 새벽부터 아침 사이 귀국하거나 다른 여행지로 떠나는 비행기를 타러 가기 때문이다. 한 달여를 밤낮으로 동고동락한 우리는 정말 많은 정이 들었다. 헤어진 후에도 모두 페이스북으로 연결하자며 아쉬움을 달래면서 헤어진다.

부에노스아이레스 거리에서 탱고를 멋지게 추는 젊은 커플

가보지 못해 아쉬운 이과수폭포

　서울에서 남미 종단 여행을 시작할 때의 마지막 여정은 이과수 폭포였다. 그래서 게코 여행 일정에서 3일의 여유를 두고 귀국 항공권을 예약했었다. 그러나 재직 대학의 보직 수행 때문에 일정을 연장하는 게 더 이상 불가능한 상황이 되었다.
　많은 사람들은 단순히 이과수폭포만을 보기 위해서 남미 여행을 하기도 하지만 내 경우는 세계 3대 폭포를 모두 섭렵한다는 남다른 의미가 있었다.
　미국의 뉴욕주와 캐나다의 온타리오 국경에 있는 나이아가라폭포와 남부 아프리카의 짐바브에와 잠비아 국경에 있는 빅토리아폭포를 이미 다녀온 나였기 때문에 이과수 여정은 내게 마지막 남은 과제였다.
　그러나 이과수를 위해서라도 남미여행을 다시 오리라 마음을 다지면서 아쉽지만 이과수폭포 여정을 접는다.
　이번 여정의 최종 목적지인 부에노스아이레스에서 이과수를 관람하기 위해서는 어차피 비행기를 타고 왕복하거나 부에노스아이레스에서 1,400킬로미터의 장거리를 야간 버스에서 하룻밤을 보내야 하니 다음 여정으로 미룬다고 해서 그리 억울한 일도 아닐 터이다. 그러나 다음 여정을 위해 사진과 여행방법만이라도 남겨 놓고 넘어가야겠다.

  이과수폭포는 나이아가라나 빅토리아폭포와 마찬가지로 브라질과 아르헨티나의 국경지대에 위치하고 있어 양국 모두가 이 지역을 국립공원으로 지정하여 보호하고 있다.
  이과수는 원주민 과라니 족이 붙인 이름으로 '큰 물'이라는 뜻이다. 너비 4.5킬로미터에 평균낙차가 70미터에 이르고 크고 작은 폭포가 270여 개에 달하는 장대한 규모에 어울리는 이름이다.
  이과수폭포는 브라질 파라나 주의 쿠리치바 근처에서 발원한 이과수 강이 수 백 킬로미터를 흐르면서 엄청나게 불어 아마존 남부에서 흘러온 파라나 강과 만나 폭포가 되어 쏟아져 내린다. 폭포의 큰 낙차와 풍부한 수량이 원시림으로 뒤덮인 삼림과 어우러져 어마어마한 장관을 연출한다. 270여 개 이과수 물줄기의 3분의 2는 아르헨티나 소유이고 3분의 1만이 브라질 소유라고 한다. 그렇지만 아르헨티나 쪽보다는 브라질 쪽 관광객이 훨씬 더 많은데 브라질 쪽에서 바라보는 폭포의 모습이 더 장관이기 때문이다.
  폭포는 여러 가지 접근 방법으로 관람이 가능한데 아르헨티나 쪽에서 걷거나 보트를 타고 가까이서 폭포를 보거나 브라질 쪽에서 폭포의 전체 경관을 관람하는 방법이다. 여유가 되면 헬기를 타고 공중에서 내려다보는 관광 프로그램도 있지만 이과수폭포를 관람하는 가장 좋은 방법은 보트를 이용하는 것으로 보트를 타야만 국경에 관계없이 이과수의 진수를 모두 느낄 수 있기 때문이란다.

브라질 국경 쪽에서 이과수폭포 위용

31일차: 1월 16일

돌아볼 곳 있어 좋은 여정: 망각 여정 + 혁명가 여정

아침에 일어나 보니 매리앤과 필립만을 남기고 모두 떠나가고 없다.

매리앤이 부에노스아이레스 시내에 창고를 개조하여 만든 유명한 호텔을 같이 방문하자고 권유해와 그 곳을 돌아본 후 그 비싼 호텔의 바에서 샌드위치로 점심을 시켜먹고 숙소로 돌아온다.

필립의 항공편은 저녁 여섯 시이고 내 항공편은 밤 열한시지만 택시비를 절약할 겸해서 택시를 합승하여 일찌감치 공항으로 간다. 그런데 택시에 승차하면서 의자에 안전띠 버클이 놓여 있는 것을 모르고 철퍼덕 주저앉았다가 꼬리뼈를 다쳐 귀국 후 몇 달을 고생했다.

공항에는 나처럼 꾀죄죄한 차림의 여행자들로 붐비고 있었는데 거의 거지꼴 한 여행자와 대화를 트게 되었다.

존이라고 자길 소개한 이 호주 남자는 1년 반 동안 남미를 돌아다녔다고 했다. 농사일을 하다가 1년 반전에 부인이 암으로 생을 마감하게 되어 모든 걸 정리하고 남미여행길에 올랐다고 했다. 몰골은 거지에 버금가는 차림이었지만 부인을 잃은 슬픔은 그 몰골의 어느 구석에서도 찾아볼 수가 없다.

 이처럼 여행은 누구에게는 집으로 돌아가는 귀소본능의 여정이지만 누군가에게는 망각과 치유의 여정이기도 하다. 여행은 가끔 평범한 중산층 출신의 의사를 새로운 세계로 세탁시켜 불세출의 혁명가로 거듭나게 하는 것과 같은 신통방통한 마술을 부리기도 한다.

 그런가 하면 4백여 년 동안 베일에 쌓여있던 '사라진 도시'를 세상에 드러나게 하는 놀라운 역사를 만들어 내는 것도 여행의 역할이다.

▲ 민박집 부엌에 둘러앉은 가족들. 가족애가 물씬 풍기는 정겨운 모습이다.
▼ 볼리비아에서 아르헨티나로 넘어가는 국경에 선 필자

아르헨티나 257

▲ 아만타니섬 민박집 가족들과 함께

나오며...

▲ 기념품점은 이국 여행의 필수 코스다

안식년 기간의 막바지에 남미여행을 다녀온 후 해가 바뀌었다. 해가 바뀌어 가는 동안 남미 여행 중의 기록들을 출간을 위해 정리한다고 벼르다가 다른 일들에 쫓겨 시간만 흘려보냈다.

남미 여행 기록을 제 때 정리하지 못한 또 다른 이유도 있다. 바로 남미 여행 일정 말미에 재직 대학의 보직 수행으로 일정을 앞당겨 귀국하는 바람에 못 가본 이과수폭포와 브라질의 삼바축제를 엮어 남미여행의 대미를 장식한 후 여행기를 정리해 출간하려던 계획이다.

그러나 이런저런 이유로 이마저 이루지 못한 채 시간만 놓친 꼴이 되었다. 그래서 어느 여행 작가가 그랬다. 어디든 여행 다녀온 다음에 바로 기록을 남기고 그리고 다시 떠나야 한다고.

가보지 못한 남미 여정의 아쉬움을 대신 달래기 위해 이번 여행기에 이과수폭포만을 살짝 끼어 넣었다. 나의 여정을 따를지도 모를 여행자들에게는 한 달간의 남미 종단 여행의 대미를 이과수에서 찍으라는 의미가 있다. 어차피 내 여정을 따라 남미 종단 여행을 하자면 이과수는 별도의 항공 여정이 될 수밖에 없기 때문이기도 하다.

5대양 6대주 섭렵의 대미를 장식하는 의미로 남미여행에 나섰던 것인데 서양 사람들은 남극도 대륙으로 친다니 나로서는 남극여행까지 마쳐야 지구촌 구석구석을 모두 섭렵하는 것이 된다. 남극 가는 여정에 아마존의 열대우림과 이과수를 거쳐 리우의 삼바축제에서 노닐다가 돌아오는 게 내 다음 여정의 목표다.

페루의 리마에서 볼리비아를 거쳐 아르헨티나까지의 남미 종단 여행 시 서양 사람들과, 그것도 새파랗게 젊은이들과 함께 했었는데 이번엔 나이가 엇비슷해 어울리기 편안하고 동반하기 좋은 사람들과 같이 하고 싶다. 고향의 불알친구도 좋고 여행을 좋아하는 낯선 사람이라도 대화만 통하면 그저 그만이다.

남미 여행 중에 대충 기록했던 원고들을 퇴고를 위해 정독해 보니 피곤에 절어 잠에 떨어진 애기들이 거의 매일 등장한다. 처음엔 시차와 3천 미터가 넘는 고산 트레킹 때문인 줄 알았는데 여행 일정의 마지막까지 잠 타령이 이어진 걸 보면 체력이 예전과 같지 않다는 의미일 것이다. 그래서 책의 제목에도 '꽃 중년'을 삽입해 보았다. '꽃 중년'을 굳이 끼워 넣게 된 또 다른 이유는 요즈음 매스컴에서 '꽃 할배'와 '꽃 누나'의 여행이 인기를 끌고 있기 때문이기도 하다. 따라서 내 남미 여행기는 중년층이나 실버세대를 겨냥한 것이라고 해도 무방할 것이다.

▲ 페루 마추픽추 방문 기념 포스트카드

그러나 '꽃 중년'이 되었던, '꽃 할배'가 되었던, 여행은 돈, 건강 그리고 시간 여유의 문제가 아니라 여행을 떠나겠다고 하는 강렬한 의지의 문제로 본다. 여행을 가고자 하는 마음이 있다면 모든 일을 젖혀두고 지금 당장 배낭을 꾸려 무작정 집을 나서고 볼 일이다.

▲ 공룡에게 먹히고 있는 필자. 우유니소금사막의 원근을 이용하면 장난감 공룡으로도 이런 장면이 연출된다.

부록

페루·볼리비아·아르헨티나 3국 여행 정보 >>

페루

① 페루 개관

* 공식국명: 페루 공화국 República del Perú
* 면적: 1,285,215㎢ (한반도의 약 6배)로 해안지대 10%, 안데스산맥 산악지대 27%, 아마존 등 정글지대 63% 분포
* 인구: 2,924만 명(2011년 말)
* 수도: 리마 Lima(인구 약 850만 명)
* 인종: 인디오(원주민) 45%·메스티소(혼혈계) 37%·백인 15%·흑인 및 동양인 3% 중국계 약 1백만·일본계 약 10만 등 아시아계가 약 4~5%라는 비공식 통계가 있음
* 언어: 서반아어, 께추아 Quechua어 외 아이마라 Aymara어 및 아샤닌까 Ashaninka어 등 원주민 언어 일부 사용
* 종교: 가톨릭교 81.3%·기독교 12.5%·무교 및 기타 6.2%
* 독립일: 1821년 7월 28일
* 국내총생산(GDP): 1,565억 미국달러(2010년 현재)
* 1인당 GDP: 5,350 미국달러(2010년)
* 화폐단위: 솔(PEN, Peruvian Nuevo Sol), US$ 1 = 2.75솔 (2013년 8월 현재)
* 기후: 위도 상으로 열대와 아열대 권으로 구분되며, 해안지대(온난 다습), 산악지대(우기와 건기로 구분), 산림지대(열대성 기후)에 따라 상이함

※ 리마지역: 연평균 기온 22℃ (하계 최고 30℃, 동계 최저 11℃), 편의상 하계(12~5월) 및 동계(6월~11월)로 구분. 동계(6월~11월)에는 짙은 안개 층에 뒤덮여 햇빛을 볼 수 없으며, 습도가 높음

② 페루 역사
* 13세기 이전: 안데스 산악지대를 중심으로 원시 수렵농경 시대(기원전 2만 년 전~BC10세기)
고대 토착문화 형성(BC 10세기~AD1세기) CHAVIN·PARACAS등 지역문화 형성(AD1~14세기·CHICA·CAJAMARCA·NAZCA·WARI 등)
* 잉카제국(13~15세기): 13세기부터 CUSCO를 중심으로 잉카제국 건설 15세기 중엽~16세기 초까지 안데스를 중심으로 현재의 에콰도르·볼리비아·콜롬비아·아르헨티나·칠레 일부까지 지배
* 식민시대(16~19세기): 1532년 FRANCISCO PIZARRO 스페인 장군, 잉카제국 정복. 1544년 리마에 부왕청을 설치한 이래 1740년 콜롬비아 부왕청 설치 시까지 스페인 왕국의 남미 식민 통치 중심지역
* 19세기 독립이후:
1821년 7월 28일 SAN MARTIN 장군, 스페인으로부터 독립
1821~1950년까지 대지주, 군부에 의한 과두지배체제
1948~1980년 3차례 군사 쿠데타 발생
1990~2000년 FUJIMORI 대통령 집권
2000년 7월 FUJIMORI 대통령 3선 피선 직후, 야당의원 매수사건으로 정국불안, 11월 동 대통령 일본 망명

③ 페루 생활 정보
* 인사방법: 남녀 간 또는 여성 간 만났을 때 뺨을 상호접촉
* Tip 제도: 식당 요금은 10% 봉사료가 자동 포함되나, 보통 5% 정도 팁 지불
※ 고급 식당의 경우 10% 정도 팁 지불. 호텔·공항의 포터의 경우, 가방 1개당 약 1달러정도 지불
* 환율 및 환전: 호텔, 주요 거리 소재 환전소 및 일부 은행에서 환전. 호

텔 환율은 낮은 편이며, 거리환전 시 위폐가 많으니 유의 요망!
※ 대부분의 식당, 쇼핑몰 등에서 달러로 지불이 가능
* 전압: 220V/60HZ, 대부분의 한국 전자제품 사용 가능
* TV: NTSC 방식
* 식수: 수돗물 보다는 상점에서 미네랄워터를 사서 마시는 것이 바람직
  (San Luis 또는 San Mateo 식수 병 구매 추천)
* 영업시간: 은행 09:00~18:30(토요일 09:00~12:00, 일요일 휴무)
Jockey Plaza 등 쇼핑몰 은행지점의 경우, 월~토 09:00~19:00 영업(일요일 휴무)
식당 일반적으로 점심 12:30~16:00, 저녁 19:00~24:00
* 공항 이용료: 국제선의 경우 1인당 30.25달러(현금으로만 지불) 국내선의 경우 1인당 20솔(6달러정도)
* 택시: 택시미터 및 요금계기가 없어 탑승 전 목적지까지 요금 합의 후 탑승. 일반택시는 기본요금 3솔~10솔, 호텔 소속 택시는 다소 비싼 편이다. 시내 근거리간 6솔~10솔 내외, 호텔↔공항 간 60솔 정도이고 콜택시 기본요금 10솔
* 기후: 비가 많고 무더운 날씨. 건기(12월~3월간)시 평균 기온 28℃(한낮 기온40℃), 우기(7월~11월)시 매일 비가 내려 고온다습
참고로 페루는 남반구에 위치, 우리나라와는 계절, 낮과 밤이 정반대(한국보다 14시간 늦음)
※ 해안지역(COSTA): 페루의 태평양쪽으로 약 2,200km의 지역으로 연평균 20℃내외(비가 내리지 않음) 안데스 산맥에서 흘러내리는 물이 수도 리마시를 포함 주요 식수원
리마의 경우, 하절기(12월~3월) 맑은 날씨와 비가 내리지 않으며, 동절기(5월~10월)는 안개가 가득해서 태양을 보지 못하는 특이 기후('Garua 현상'이라 함)

※ 산악지역(SIERRA): 해발 2,700m 정도 이상의 산맥지역. 와라스(Huaraz)·쿠스코(Cusco)·푸노(Puno) 등이 산악지대에 위치

※ 밀림(SELVA): 안데스산맥의 동쪽에 위치, 국토의 63% 차지 (아마존 열대 밀림 지역으로 원시림과 열대성

* 의복: 의복은 기후에 따라 하복·춘추복·추동복 구비. 현지의 의복 제조 기술이 낮으며, 여성의류는 품질에 비해 고가. 가능한 페루 방문 시 한국산 의복 준비 필요. 내의·의복·양말 등도 질이 낮고, 수입품은 비싼 편으로 페루 방문 시 준비 필요

* 전화 사용법: 국제전화는 리마에서 국외전화 거는 방법(일반전화): 00+국가번호+지역번호+전화번호

예)서울로 전화하는 경우: 00+82+2+123-4567

페루 휴대폰으로 국외전화 거는 방법: 1977(가입회사마다 국제전화호출부호가 다르며 1977은 통상적으로 대부분 휴대폰에서 허용됨) +00+국가번호+지역번호+전화번호

한국에서 페루로 전화 거는 방법(일반전화): 001+51(페루 국가번호+지역번호(리마의 경우 "1")+전화번호 예) 리마: 001+51+1+전화번호

* 추천 쇼핑몰

① Jockey Plaza (의류·전자제품·생활용품·서점·커피숍·다양한 식당 등 입점)
- 주소: Javier Prado Este Cdra. 42, SANTIAGO DE SURCO

② Larco Mar(해안가에 위치, 자연경관과 함께 Mango 등 뷔페식당·미술품·은 등 쇼핑 가능)
- 주소: Av. Larco Cdra. 6, MIRAFLORES

③ CAMUSSO: 세계 명품으로 알려진 페루 산 은제품 유명 (가격은 고가)
- 주소: Av. Rivera Navarrete #788, SAN ISIDRO

④ ALPACA 111(브랜드명: KUNA) 알파카 상점으로 유명
- 주소: Av. Larco Cdra. 6, MIRAFLORES
⑤ ANTISUYA: 아마존 정글 원주민이 만든 토산품 공예품으로 유명
- 주소: Tacna 460, MIRAFLORES
⑥ ANTIGUEDADES: 토속 골동품 상가 밀집지역
- 주소: Tacna 460, MIRAFLORES
⑦ 미술품 페루 화가들의 미술작품 전시·구매
- 주소: Av. Petit Thouars, MIRAFLORES
⑧ 인디오 시장(Mercado Indio, 10:00~21:00) 전통 민속품·토산품 전문 상가
- 주소: Av. Petit Thouars 5245, MIRAFLORES

④ 페루 관광명소

• 리마Lima

구시가지인 센트로CENTRO, 신도시 미라플로레스MIRAFLORES, 산이시드로 SAN ISIDRO, 고급 주택단지 까마초CAMACHO 및 차까리야CHACARRILLA 등으로 크게 구분한다.

(a) 구시가지Centro: 바둑판의 눈금처럼 도로 구획. 식민지 시대 건축물·박물관 소재. 구시가지 중심가에 중앙광장PLAZA DE ARMAS, 산마르틴광장 PLAZA DE SAN MARTIN 소재. 밤에는 치안위험, 외출 자제해야 함.

(b) 산 마르틴 광장Plaza de San Martin: 사람들로 항상 붐비고 야외미술전, 음악회 등 자주 개최

(c) 대광장Mayor Plaza 일명 Plaza de Armas: 대통령궁PALACIO DE GOBIERNO, 대성당CATEDRAL, 리마 시청사ALACIO MUNICIPAL, 중앙우체국CORREO CENTRAL 등 소재. 대통령궁에서는 매일 12시와 18시에 위병 교대식 거행

(d) 대성당CATEDRAL: 잉카제국 정복자 프란시스코 피사로가 직접 손으로

초석을 놓은 가장 오래된 성당. '피사로의 유체'라는 미이라가 대성당 유리 상자에 안치. 1555년 제1단계 완성, 1585년부터 프란시스코 곤사레스 베르토란의 설계로 증축 (원형은 스페인의 세비야 대성당 건축양식 답습). 1755년 최종 복구되어 현재 상태 유지. 성당 내 금박·은박·조각 등 볼만한 제단이 16개. 14세기부터 전해지는 종교화, 역대 잉카 초상화 등 소장.

프란시스코 피사로는 1532년에 카하마르카에서 당시 잉카황제 아타왈파를 붙잡아 '프란시스코'라는 세례명을 주면서 그리스도교로 개종 시킨 후 교수형에 처했고, 그 후 쿠스코를 점령한 다음 리마로 귀환하여 1535년 1월 18일 리마 시 건설

(e) 산토도밍고 교회 및 수도원IGLESIA Y CONVENTO DE SANTO DOMINGO: 식민시대 교회들 중 보존 상태 가장 양호. 스페인에서 수입하여 건축한 훌륭한 청색타일 AZULEJOS 보존. 교회 안에 남미 최초 대학인 산 마르코스 대학 신설(1551). 리마 사람들의 수호신이라고 하는 두성자 (성녀 산타 로사, 프라이 마르틴) 보존.

(f) 토레 타글레 궁전PALACIO DE TORRE TAGLE: 남미에서 눈에 띄는 식민지 시대 건축양식. 산 마르틴 장군의 지시에 따라 토레 타글레 후작을 위하여 건축, 현재 외교부MINISTERIO DE RELACIONES EXTERIORES 본관으로 사용. 아랍계 영향의 세비야식 건축양식, 우아한 발코니 자랑.

(g) 신시가지MIRAFLORES: Miraflores 중심지에 센트럴 공원PARQUE CENTRAL과 케네디 공원PARQUE KENNEDY 위치. 이 공원 주변에는 성당과 미라프로레스 구청이 있음.

해안주변에는 쇼핑센터Larco Mar와 리마의 최고급 해산물 식당들(Rosa Rautica 등) 식당 소재

(h) 리마內 박물관과 미술관

 * 인류고고학박물관MUSEO NACIONAL DE ARQUEOLOGIA, ANTROPOLOGIA E

HISTORIA DEL PERÚ: 잉카제국 이전의 전시품이 많고 특히 나스카(NAZCA)와 파차카막(PACHACAMAC) 문화 유물 관람 가능
- 주소: Plaza Bolivar, Pueblo Libre

* 황금 박물관MUSEO DE ORO DEL PERÚ Y DE ARMAS DEL MUNDO: 이민 일본인 미겔 무히카 가요씨가 생전에 수집한 페루와 고고학 관련 유물 보존
- 주소: Alonso de Molina 1100, Monterrico, Surco

* 라파엘 라르코 에레라 박물관MUSEO ARQUEOLOGICO RAFAEL LARCO HERRERA: 개인이 수집한 토기·의류 보존. 모치카(MOCHICA)·치무(CHIMU)·나스카(NAZCA)시대 토기를 진열한 방과 황금의 방으로 구분
- 주소: Av. Bolivar 1515, Pueblo Libre

* 라파엘 라르코 에레라 박물관MUSEO ARQUEOLOGICO RAFAEL LARCO HERRERA

* 이탈리아 아트 미술관MUSEO DE ARTE ITALIANO: 이탈리아 정부가 기증한 현대 미술관 (쉐라톤 호텔 인근 위치)
- 주소: Paseo de la República 250, Lima

*페르도 데 오스마 총독 미술관MUSEO DE PEDRO DE OSMA: 페드로 데 오사마 장군의 개인 소장품 전시, 식민지 시대의 종교화 및 조각 등 소재(견학 시 예약 필요)
- 주소: Cl. Pedro de Osma 421, Barranco

* 페르도 데 오스마 총독 미술관MUSEO DE PEDRO DE OSMA

* 리마 미술관MUSEO DE ARTE DE LIMA: 페루의 회화나 종교화, 식민지 이전 시대 그림이나 가구류전시
- 주소: Paseo Colón 125, Lima

- 나스카NAZCA

리마에서 차량으로 4시간 정도 이동거리 (남쪽 방향). 그림의 크기가 10m부터 300m에 이르며, 약 2백여 개 그림 산재. BC100~AD600년 무

부록 **273**

렵 해안에서 80km정도 떨어진 건조지대에 미스터리 지상 그림으로 특화된 나스카 문화가 산재. 900㎢에 걸친 광대한 대평원(팜파)에 직선 및 삼각형 도형과 동물·물고기·곤충 및 식물 등의 그림이 산재해 있음. 공중에서 보지 않고는 알 수 없을 정도의 방대한 크기를 자랑한다.

• 쿠스코CUSCO
리마에서 비행기로 1시간 거리(남쪽 방향)에 위치. 해발 3,400미터의 안데스 분지에 위치. 인구 34만8천만 명 거주 도시로 남미대륙 여행의 백미. 1100년 전 만코카막MANCO CAMAC에 의해 건설. 콜럼부스가 신대륙 발견 당시 잉카제국의 수도로서의 영화를 누림. 태양신을 숭배한 잉카제국 후예들에게 쿠스코는 세계와 우주관의 중심이라 할 수 있다.
참고로 '쿠스코'란 케추아어(원주민 언어, 옛 잉카 언어)로 "배꼽"를 의미하며 매년 6월 24일에 '태양제의 축제INTI RAIMI'를 개최해 잉카의식 재현한다.
※ 쿠스코 주변 추천 관광명소: 삭사이 후아만SACSAYHUAMAN 요새·켄코 QUENKO·푸카 푸카라PUKA PUKARA·탐보마차이TAMBOMACHAI·산토 도밍고 SANTO DOMINOGO 성당 등이 있다.
* 마추픽추MACHU PICCHU: 쿠스코에서 112 km 떨어져 해발 2,300 미터의 지점에 위치한 잉카시대의 유적지로 건설 연대와 동기에 대해 다양한 학설이 있다. 아마존 강의 원류인 우루밤바 강위의 절벽에 세워진 요새로 1911년 예일대학 교수였던 하이람 빙엄에 의해 발견된 잉카의 '역사 속에 파묻힌 도시'다. 발견 당시에 1만여 명이 살았던 흔적의 여자 미라들이 즐비했다. 남자들은 전쟁터에 싸우러 나가 죽고 여자들만 살다가 어떤 전염병이 돌아 사망했다는 설과 여자 제단이었다는 설 등 다양한 견해가 있다. 태양의 신전, 지붕 없는 가옥들, 계단식의 밭, 농사를 짓는 데 쓰여 진 태양시계, 대광장 등의 석조 건축물이 남아 있다.

이곳 관련 관광 프로그램은 주로 새벽 6시경 쿠스코 역을 출발해 현지를 둘러본 후 오후 6시 30분경에 다시 쿠스코로 귀환하는 관광 열차를 이용한다. 마추픽추 기슭에서 '잃어버린 도시Ciudad Perdida' 입구까지 버스 이용.

⑤ **식당·호텔·여행사**

1) 한국식당

* 노다지
- 주소: Av. Aviacion 3257, San Borja
- 전화: 476-0093, 9983-8117

* 아리랑
- 주소: Ca. Las Orquideas 443-447, San Isidro
- 전화: 221-5627/440-2898, 99983-1141

* 대장금
- 주소: Av. San Borja sur 279, San Borja
- 전화: 624-9254, 94548-7690

* 한국관
- 주소: Av. San Luis 2256, San Borja Sur
- 전화: 624-9004, 98774-9211

* 형제식당(한중식)
- 주소: Av. Aviacion 4812, Surco
- 전화: 560-6287, 99832-3463

* 향일식(한국식 일식당, 회 등)
- 주소: Centro Comercial San Felipe 59, Segundo Piso del Credito
- 전화: 261-4038

* 아씨마켓(한인식품점)

- 주소: Av. Aviacion 3257, San Borja
- 전화: 225-4648

2) 페루의 별미
* CEVICHE(세비체): 날 생선에 양파·리몬 등을 썰어 만든 애피타이저.
* PISCO SOUR(삐스코 샤워): PISCO(포도를 원료로 한 증류주)에 레몬주스, 약간의 설탕, 계란흰자위(거품)을 혼합하여 만든 칵테일.
* CHICHA MORADA(치차 모라다): 보라색 옥수수와 사과·파인애플·복숭아 등을 함께 넣어 끓인 후 설탕을 혼합하여 만든 음료수로서 서민들이 즐겨 마심
* INCA KOLA(잉카콜라): 파인애플에 LUISA 풀잎을 배합하여 만든 노란 색깔의 청량 음료수로서 배합 등 제조방법이 비밀로 되어 있음. 잉카 콜라는 페루 국민이 자랑하는 음료수이나, 젊은 세대들은 코카콜라와 펩시콜라를 즐겨 마시는 편임. 최근 미국 코카콜라사가 주식 일부 매입
* ANTICUCHO(안티쿠초): 소·닭의 심장을 양념하여 커다란 꼬치에 꿰어 구운 것으로 꼬치의 끝부분에 감자 한 개를 통째로 꽂은 것이 특징
* SANCOCHADO(산꼬차도): 고기(소·닭·양·돼지)와 각종 야채(옥수수·감자·고구마·양배추· 양파 등)를 덩어리 채 넣어 삶아서 고기는 야채와 함께 미리 준비해둔 소스에 찍어먹거나, 양배추에 쌈을 싸 먹음. 육수처럼 우러나온 국물은 식성대로 소금·후추를 넣어 식성에 맞게 간미해서 먹는 음식
* CHUPE DE CAMARONES(추페 데 카마론에스): 페루의 제2 도시인 아레키파AREQUIPA의 전통음식으로 커다란 세우를 넣어 우유와 밥을 넣어 끓인 국밥종류의 음식
* PARIHUELA(빠리웨라): 조개·게·생선 등 6~8 종류의 해물과 야채를 조금 넣어 끓인 후, 춘분가루를 넣어 걸쭉하게 요리한 생선국으로 한국의

해물찌게와 비슷한 음식

*CAUSA(카우사): 감자를 삶아 으깨어 미리 준비해둔 야채(양파·완두콩·당근·으깬 참치 등을 약간 소금 간하여 섞어둠)와 으깬 감자를 한판 두툼하게 깔고 그 위에 야채를 두툼하게 얹고 다시 야채위에 으깬 감자를 두툼하게 덮은 음식으로 애피타이저로 먹는 음식

* LOMO SALTADO(로모 살타도): 소고기를 잘게 썰어서 야채(토마토·양파)와 함께 볶은 음식

* MAZAMORRA MORADA(마사모라 모라다): 보라색의 옥수수와 말린 자두를 같이 넣어 삶아 옥수수는 건져내고 보라색 물에 춘분가루와 계피가루를 넣어 만든 후식 음식

3) 한인 여행사

* 고려여행사

- 주소: Av. De Las Artes Norte No.968, Of. 301, San Borja

- 전화: 201-5900~1

- Fax: 201-5908

* 꼬꼬여행사

- 주소: Av. Larco 101, Edif. Caracol Of. 902, Miraflores

- 전화: 444-4011~2

- Fax: 447-4575

⑥ **주요 연락처**

1) 주 페루 한국대사관

- 주소: Calle Guillermo Marconi 165, San Isidro, Lima, Peru

- 전화: 632-5000

- 팩스: 632-5010
- 공관 메일: peru@mofa.go.kr

2) KOTRA 리마 무역관
- 주소: Av. Manuel Olguin 215, Of.301, Surco, Lima, Peru
- 전화: 437-4341 / 5724

3) KOICA 리마 사무소
- 주소: Av. Manuel Olguin 215, Of.802, Surco, Lima, Peru
- 전화: 627-5050~1, 637-4407~8

※ 자료 출처: 주 페루 대한민국 대사관

# 볼리비아

① **개관**
* 면적: 109만 8,581㎢(한반도의 약 5배)
* 인종과 언어: 인종 구성은 순수한 인디오가 55%로 가장 많고, 인디오와 유럽인의 혼혈인 메스티소가 30%, 에스파냐인 및 기타 백인이 15%로 이루어져 있음. 인디오는 케추아Quechua족과 아이마라Aymara족으로 구분되며, 두 종족은 알티플라노와 저지대에 분산되어 자급적 농목을 하거나 광산노무자로 일하고 있음. 메스티소는 광산관계자나 기술자가 많으며, 백인은 도시에서 상업에 종사하는 사람이 많음. 공용어는 에스파냐어·케추아어·아이마라어.
* 인구: 1,042만 6,154명(2010년 기준)
* 인구밀도(명/㎢): 9.50(2010년)
* 수도: 행정수도 라파스La Paz·헌법수도 수크레Sucre
* 종교: 로마가톨릭교(95%)·개신교(5%)
* 건국일: 1825년 8월 6일(국경일)
* 국가형태: 다민족 국가
* 1인당 구매력: 미화 5,016 달러(2012년 기준)
* 산업구조: 서비스업 52%·제조업 37%·농업 11%(2009년 기준)

참고로 농업생산은 감자·쌀·옥수수·밀 등 식량을 위한 전통적 농업(총 농업생산의 63%) 그리고 사탕수수·면화·콩·설탕·커피 등 수출을 위한 상업적 농업(30%)이 그 뒤를 잇는다. 그리고 마약의 원료가 될 수 있는 코카인 생산(7%) 등 세 가지 형태로 구분된다. 전반적으로 농업 생산이 침체되고 있지만 상업적 농업은 최근 예외적으로 확대되는 추세다.

볼리비아는 전 세계 코카인생산의 30~40%를 점유하는 대표적 코카인 생산국. 최근 남미의 볼리비아와 페루에서 코카인 재배 면적과 생산량이 늘어나면서 주변국의 우려를 낳고 있다.

* 기후: 지리적으로 열대에 속하나, 고도에 따라 다양한 기후 분포를 보이고 있음. 행정수도인 라파스는 고도 3,600m~4,100m로 6월~8월 평균기온은 7.5℃이고 12월~3월 평균기온은 10.5℃. 월평균 강우량은 50.7mm이다. 서부 고원지대는 온대성 기후로 온난 건조하며 동부 밀림 저지대는 열대성과 아열대성이 혼재된 기후로 고온 다습함

* 화폐단위: 볼리비아노Boliviano: BOB. 2010년 이후 볼리비아 중앙은행이 7.04볼리비아노~6.94볼리비아노로 유도하는 점진적인 연동 환율제도 Crawling Peg를 이행하고 있음. 볼리비아노→미국달러=6.96Bs, 달러→볼리비아노=6.86Bs(2012년 1월 기준)

* 문화: 볼리비아의 음악은 전반적으로 종교적이며, 지역마다 음악적 전통이 다름. 라파스에 있는 국립박물관과 국립 고고학박물관, 티아우아나코 지역박물관에 잉카제국의 유물들이 전시되어 있다. 현대 예술분야는 인디오 사회의 사회적 빈곤문제를 많이 다루고 있다.

사회 전반적으로 인디오적인 색채가 강해 '포제라'라고 하는 주름을 넓게 잡은 치마, 아이마라족의 경우는 중산모, 케추아족의 경우는 실크 모자 같은 여성의 복장을 길거리에서 흔히 볼 수 있다. 직물·도예 등의 민예품과 민속음악·무용도 다채롭다.

참고로 한국인 교민 수는 800명 정도로, 주로 라파스·산타크루스·코차밤바 등에 거주하고 있다.

* 환전: 볼리비아 여행 시 미화를 소지하는 것이 가장 좋으며 은행, 호텔, 환전소 등에서 환전이 가능

* 영업시간: 상점 09:00~12:30·레스토랑 12:00~15:00, 20:00~24:00·은행 09:00~12:30, 1700~1800

* 전원: 220볼트, 50Hz

* 팁: 미국이나 유럽의 영향으로 특급 호텔에서는 객실에 1달러 정도, 레

스토랑에서는 음식 값의 10%, 공항이나 호텔의 포터에게는 1달러 정도의 팁이 관행
* 식수: 슈퍼마켓이나 키오스크에서 사서 마셔야 하고 수돗물은 양치 정도에는 괜찮으나 가급적이면 생수를 구입해 사용하는 것이 좋다.
* 출입국: 비자를 받아야 하고 의정부의 명예영사관에서 비자 업무를 대행하고 있다.
* 여행안전: 볼리비아의 치안은 불안하여 밤거리를 혼자 걷는 것이나 어두운 골목은 피하는 것이 좋다.

※ 자료 출처: 주 볼리비아 대한민국대사관

아르헨티나

① 교통

* 국제공항Internacional Ministro Pistarini은 부에노스아이레스에서 35 Km 지점인 에세이사Ezeiza에 위치
* 출국세로 US$18+항공요금의 5%+보험료 US$2.5를 지불
* Manuel Tienda León(Av. Santa Fe 790, tel: 4315-0489)과 Ecuador(Florida 1045, tel: 4314-1999)사는 매일 04:00~21:00에 30분 간격으로 공항↔시내(40분 거리)간 셔틀버스를 1인당 15뻬소에 운행
* 이외에 택시와 레미스(운전사 포함한 승용차 임대)가 35-40뻬소(통행료별도)에 역시 시내까지 운행
* 칠레·볼리비아·파라과이 등의 인접국으로부터 꼬르도바Córdoba·멘도사Mendoza와 같은 도시로의 입국은 육상교통편 이용이 가능하며, 우루과이에서의 입국은 쾌속정Buquebus을 이용하는 것이 편리
* 고속버스로는 아르헨티나 국내 거의 모든 도시와 인접국을 갈 수 있고 편의시설 즉, 승무원·TV·화장실·온냉방 시설·침대의자가 장거리 여행을 편리하게 해준다.(고속버스터미널: La Terminal de Omnibus de Buenos Aires, Avda. Ramos Mejía 1880)
* 부에노스아이레스의 지하철은 1913년 남미국가 중 최초로 운행을 시작하였으며, 시내 총 노선 46 km에 80개의 역을 가지고 있다.요금은 $0.70이고 운행시간은 월~토 06:00~23:00· 일 08:00~22:00
* 부에노스아이레스에만 3만2천 대의 택시가 운행하고 있는데, 그 종류는 무선수신기가 있는 콜택시와 그렇지 않은 보통 택시, 그리고 레미스Remis로 분류됨
- 택시는 노란색과 검정색으로 되어 있고, 기본요금은 $1.28이며 200m 마다 $0.16씩 올라간다. 참고로 레미스Remis는 노란색과 검정색이 아닌

보통 승용차와 그 모양새가 같으면서, 기본요금이 $3다. 목적지마다 가격이 정해져있는 경우가 대부분
* 치안 불안에 따라 보통 택시를 꺼리는 사람이 늘어나면서 전화로 부르는 콜택시인 레미스Remis가 생겨나고 택시회사들의 무선 수신기 설치로 요즘은 콜택시가 성업 중
* 시내버스는 시민들이 가장 많이 이용하는 대중교통수단. 버스의 앞문으로 승차하여 운전수에게 목적지 또는 이용요금을 말하면 요금이 출력되는 승차표 자동발급기에 동전(지폐는 취급하지 않음)을 넣어 발급되는 표를 받게된다. 승차표는 하차할 때까지 보관하여야 하는데, 가끔 버스회사 직원이 불시에 승차하여 검사하는 경우가 있기 때문이다.
지폐는 받지 않으므로 꼭 동전을 준비해야 하고 하차는 뒷문으로 하여야 하며 노선에 따라 번호와 차량색깔로 구분된다.
* 기차는 도시의 변두리와 위성도시를 운행하며 레띠로Retiro역에서 부에노스아이레스의 북부, 꼰스띠뚜시온Constitución역에서 남부, 페데리꼬 라꼬로세Federico Lacroze역에서 북동부, 온세Once역에서는 남서부와 주변도시들로 운행하는 기차를 탈 수 있다.

② **여행 성수기**
* 아르헨티나의 기후는 우리나라와 정반대
* 여행 성수기는 아르헨티나의 여름 휴가철인 1~2월과 겨울 휴가철인 7월. 이 시기에는 국내 여행객들도 많은데다가 유명관광지의 각종 요금이 비싸진다.
* 부에노스아이레스는 여름에 습기가 많고 매우 덥지만 겨울에는 영하로 내려가는 경우가 없어 1년 내내 관광하기 좋은 도시이다.
* 여름철(12·1·2월)에 여행하기 좋은 곳은 빠따고니아Patagonia(남부 안데스·남극)지역, 중부 산악지역(Córdoba와 San Luis) 그리고 부에노스아이

레스 주 주변에 있는 작은 산들과 온천과 대서양을 잇는 수많은 해변 들 수 있다.

* 겨울철(6·7·8월) 관광지로는 온대 기후의 북부 지역인 살따Salta주, 후후이Jujuy주, 포르모사Formosa주와 스키를 즐길 수 있는 빠따고니아 안데스 지방 네우껜Neuquen주의 바릴로체Bariloche나, 중북부 산악 지역의 멘도사Mendoza주가 유명하다.
* 봄과 가을에는 북동부 미시오네스Misiones주의 이구아수 폭포Cataratas del Iguazú가 꼭 가볼 만한 곳인데 여름에는 너무 더우므로 가지 않는 것이 좋다.

③ 입국 절차

* 아르헨티나 정부는 외교관, 관용여권 소지 우리나라 국민뿐만 아니라, 관광 및 상용목적으로 입국하는 일반여권 소지 우리 국민에 대해 90일간 무비자 입국을 허용키로 결정
* 택스 프리tax free 그림이 붙어있는 상점에서 아르헨티나 산 물건을 $70 이상 구입했다면 공항에서 영수증을 제시하고 21%의 부가가치세를 환급 받을 수 있다.

단, 물건 구입 시 영수증과 함께 환급을 위한 수표를 청구해야 하며 그 수표는 현금, 사용 중인 신용카드사에의 입금 등으로 환급받을 수 있다.

④ 팁 제도

음식점이나 BAR에서는 서비스의 질에 따라 식사금액의 5~10% 정도, 호텔 도우미들에게는 2~5뻬소 정도 지불하는 것이 적당함

⑤ 영업시간

* 은행·환전소: 월~금 10:00~15:00

* 사무실: 월~금 09:00~12:00, 14:00~19:00
* 상점: 월~금 09:00~20:00, 토 09:00~13:00
* 대형 쇼핑센터: 매일 10:00~22:00
* BAR: 장소에 따라 다르나 대부분 매일 07:00부터 다음 날 03:00 또는 04:00 까지 임
* 식당: 점심 12:00~14:30·저녁 20:00~23:30 쇼핑센터 내 식당은 하루 종일 운영하며 특히 주말에는 새벽까지도 영업
* 클럽: 23:30~01:00 사이에 입장하여 05:00까지 영업

⑥ 공휴일
다음은 날짜가 고정된 공휴일.
* 신년 1월 1일
* 부활절 3월 또는 4월중
* 노동절 5월 1일
* 독립기념일 5월 25일
* 독립선언일 7월 9일
* 인종의 날 10월 12일
* 성모잉태일 12월 8일
* 성탄절 12월 25일

화·수요일의 경우 당해 주 월요일로, 목·금요일의 경우 익주 월요일로 변경되는 공휴일
* 말비나스 주권일 4월 2일
* 국기의 날 6월 20일
* 산마르띤 장군 서거일 8월 17일

⑦ 전화

* 공중전화는 동전과 카드를 이용. 그러나 고장이 많고 설치해 놓은 곳이 드물어 가까운 전화방 locutorios을 이용하는 것이 훨씬 수월
* 아르헨티나 국내 전화는 앞에 0을 붙인 채 지역번호+전화번호를 누르고, 국제 전화는 00을 붙인 채 국가번호+지역번호+전화번호를 누름
* 아르헨티나 시간 22:00~08:00 사이에는 전화요금이 할인되고, 0-800으로 시작되는 전화번호는 무료. 0-810으로 시작되는 전화번호는 국내의 경우 거리에 상관없이 발신지 요금이 적용됨
* 아르헨티나의 국가번호는 54이고, 부에노스아이레스 지역번호는 11임
* 유용한 전화번호
- 화재: 100
- 경찰: 101
- 앰뷸런스: 107
- 전화번호 문의: 110
- 주 아르헨티나 대한민국 대사관: 4802-9665/8062/8062/0923 Tel: 01-790-7682/3, Fax: 01-792-5820

⑧ 전압
220v, 50Hz

⑨ 치안
경제 불안으로 인해 치안이 점차 악화되고 있어, 여행 시 다음 사항을 유념해야 한다.
- 여권·항공권은 호텔의 안전한 곳, 침실 내 금고 등에 두고, 현찰도 조금만 휴대함
- 길거리에서 택시를 잡아서 타지 말고, 콜택시나 레미스 Remis 이용

- 야간에는 어둡거나, 인적이 드물어 보이는 길거리와 공원을 절대 피해 다님
- 긴급 전화번호 항상 휴대

⑩ 관광 안내소
* 정부운영 관광정보센터Secretaría de Turismo de la Nación, Centros de Información Turística
※ Av. Santa Fe 883,(1059) Buenos Aires, tel. 4312-2232 ó 0-800-555-0016
　24시간 무료안내 방송함

* 공항
Aeropuertos Argentina 2000: Aut. Tte. Gral. Ricchieri s/n. Tel. 4576-5111
Aeropuerto Internacional Ezeiza: Aut. Tte. Gral. Ricchieri s/n. Tel.4480-0292　　 (08:00-20:00)
Aeroparque Jorge Newbery: R. Obligado s/n. Tel: 4771-0104(08:00~21:00)

* 부에노스아이레스 시내 주요 관광 안내소
- Balvanera지역: Av. Corrientes y Agüero(Abasto Shopping 내, 10:00~21:00)
- La Boca - Caminito 지역: Av. Pedro de Mendoza 1821(Ribera 극장 내, 10:00~14:00, 15:00~17:00), Caminito y Lamadrid(주말 10:00~18:00)
- Monserrat지역: Av. de Mayo 829(Café Tortoni, 월~금 14:00~18:00 Tel: 4342-4328)

- Puerto Madero지역: Alicia M. de Justo 200 Dique 4 Grúa 8(10:00~14:00, 16:00~20:00 Tel: 4313-0187)
- Recoleta지역: Av. Quintana y Ortiz(월~금 10:00~14:00, 17:00~20:00, 토·일 10:00~14:00, 16:00~20:00)
- Retiro지역: Av. Córdoba y Florida(Galerías Pacífico 내, 월~금 10:00~19:00, 토 11:00-19:00), Florida 971 1º Piso Loc. 59(월~토 11:00-20:00 Tel: 4312-7276), Av. Antártida Argentina y Calle 10 Local 83(Terminal de Omnibus 고속버스터미널내 월~금 07:30~13:00)
- San Nicolás지역: Florida y Diagonal Roque Sáenz Peña(월~금 10:00~13:00, 14:00~18:00), Sarmiento 1551 PB(월~금 10:00~17:00 Tel: 4372-3612), Carlos Pellegrini entre Perón y Sarmiento(월~금 10:00~18:00)

* 지도 구입: 신문가판대·끼오스꼬kiosco·아르헨티나자동차클럽Automóvil Club Argentino(Av. Libertador 1850, Capital Federal)에서 여행에 필요한 각종 지도를 구입할 수 있ek.

※ 자료 출처: 주 아르헨티나 대한민국 대사관